Bitte wend(t)en!

Heidi und Jürgen Wendt

Bitte wend(t)en!
Vorrat schaffen

Heitere Geschichten

© 2016 Heidi und Jürgen Wendt
Fotos: Familienbesitz
Titelbild und Gestaltung: Nils Rackwitz
Herstellung und Verlag: BoD - Books on Demand, Norderstedt
ISBN 978-3-7412-4362-2

Inhalt

Vorwort von Marika	07
Hauskauf aus Heidis Sicht	11
Hauskauf aus Jürgens Sicht	14
Wir wohnen bei Oma Holst	16
Umbau	20
Das Küchenhuhn	25
Unser Hof	29
Vorrat schaffen	32
Unsere Tiere	34
Mein Vater hat ein Schwein geschlachtet	38
Die Milchkanne	41
Der Terminator	43
Sammler und Erntehelfer	46
Von kleinen und großen Pferden	52
Osterspaziergang	59
Eine Mettwurst ist eine Mettwurst	62
Gedanken zum Frauentag	63
Tanz auf dem Dorf	65
Sport frei	69

Liebe Leserinnen und Leser,

in Ihren Händen halten sie das zweite „Bitte wend(t)en!" –Buch meiner Eltern Heidi und Jürgen. Als mein Bruder und ich das erste Mal das Manuskript „Vorrat schaffen" lesen durften, war das der Zeitpunkt, an dem wir endgültig realisieren mussten, dass unsere Eltern in ihrer Freizeit lieber der brotlosen Kunst frönen, als unser Erbe monetär abzusichern. Statt ihre Ideen und Fähigkeiten sinnvoll zu nutzen um dem Kapitalismus gerecht zu werden, lottern sie lieber lyrisch beim Schreiben herum. Aber na gut, wenn´s schon nichts zu erben gibt, gibt´s wenigstens schöne Geschichten aus ihrem Leben, die sie selbst verfasst haben und die so für uns immer erhalten bleiben werden. (Irgendwie muss ich mir das ja schön reden).

Meine Eltern…Wo soll ich da anfangen? Wie soll ich Ihnen die erklären?

Also – da wäre mein Vater (oder im Geheimen auch mal „der Alte" genannt). Wenn Sie denken, dass mein Vater beim Schreiben mit einem gepflegten Glas Rotwein vor einem antiken Schreibtisch in seinem edlen Jagdzimmer sitzt und dort musisch gestützte tiefsinnige Texte verfasst, dann muss ich Sie, liebe Leser, jetzt schwer enttäuschen. Die Realität ist, wie so oft, eine ganz andere. Mein Alter schreibt und denkt in der Küche. Dafür fegt er sich grundsätzlich den Küchentisch gekonnt mit seinem Ellenbogen frei…, zack, einmal nach links… zack, einmal nach rechts! Das hat sich mein Vater so angewöhnt, da abends auf dem Küchentisch oft Briefe, Zeitungen oder anderes vom Tagesgeschäft noch unsortiert herum liegt. Vati ist in seinem Anspruch, Platzbedarf auf dem Küchentisch, ohnehin sehr bescheiden. Getreu seinem Motto „Nimm nur so viel, wie du brauchst", verschafft er sich auf seinem Küchentisch gerade mal so viel Freiraum, dass zwei nebeneinander gelegte A4 Seiten, ein kleines Wasserglas und der Aschenbecher in seiner ‚Schreibzone' Platz haben.

Ist jetzt der erste Akt „die Vorbereitung" beendet, folgt der zweite, der die eigentliche Schreibprozedur einleitet. Mein Vater setzt sich mit einem leichten Seufzer etwas behäbig an den Tisch. Ach nein, eigentlich ist es kein Seufzen, was da in seiner Stimme liegt. Es ist eher so ein feines Grunzen. Dann zündet er sich eine Kippe an, füllt sein kleines Wasserglas mit süßem Rotwein… Und wartet mal so ab, was passiert… Er hält andächtig inne… Stille!

Irgendwann fängt er dann einfach an zu schreiben. Er schreibt natürlich noch „zu Fuß" auf einem weißen Papier, was er irgendwo irgendwann im Wendtschen Haushalt aufgetrieben hat. Wenn mein Vater seine Geschichten verfasst, muss er sich wohlfühlen. Das bedeutet, raus aus den Arbeitsklamotten und rein in die „Ich-habe-Feierabend-Jogginghose". Dazu trägt er immer dicke selbstgestrickte Wollsocken, die er in unregelmäßigen Abständen von seiner Schwägerin Christa oder Freundinnen geschenkt bekommt. Der eine Strumpf ist meist sportlich bis über die Wade gezogen, der andere verliert sich in lockeren Falten am Knöchel. Dazu dann noch die alten, von Welpenzähnen zerkauten Hausschlappen an… Jab! so kann er seinen Gedanken freien Lauf lassen! Alles in allem ist der Anblick wenig erotisch. Aber vielleicht sehe ich das ja auch nur mit den Augen einer Tochter so?

Die beiden großen Jagdhunde lungern während der Mußestunden meines Vaters immer irgendwo unter ihm oder auch neben ihm herum. Von Zeit zu Zeit bequemt sich Franz Josef mal hoch, um einfühlsam seinen sehr großen Kopf auf den Schoß meines Vaters zu legen und den selbigen zärtlich voll zu sabbern. Bedingungslose Liebe eben. Der andere Jagdhund meines Vaters, Asko, ist der Veteran im Hause Wendt. Er sieht und hört eben nur noch so gut, wie es bei betagten Jagdhunden so üblich ist. Asko ist seit jeher etwas langsamer im Kopf als andere „Waldis", nobody is perfect. Leider ist das auch der Grund, warum er stets den Aufenthalt meines Vaters am Küchentisch zur Abendbrotzeit missinterpretiert. Die Enttäuschung in Askos glasigen braunen Augen ist jedes Mal herzzerreißend mit anzusehen, wenn der Veteran zur Kenntnis genommen hat, dass es jetzt keine Leberwurststulle gibt, sondern sein Herr nur zum Schreiben in der Küche sitzt.

So und dann ist da ja noch unsere geliebte Mutter, Mutti genannt. Wo und wie schreibt sie? Auch Mutti schreibt immer in der Küche. Sie würde das im Sommer natürlich viel lieber auf ihrer Terrasse machen, das geht mit ihrem doofen ‚Dings' (sie meint damit den Laptop) aber nicht, weil man draußen immer nix auf dem Bildschirm erkennen kann. Ihr ‚Dings' blendet eben. Meine Mutter hat immer richtig schön verwuschelte Haare, wenn sie ihre Texte verfasst. Das liegt daran, dass sie sich beim Denken oft mit beiden Händen durch ihre Frisur fährt. Und beim Schreiben muss man ja ganz schön viel denken. Wenn sie dann einen irrwitzigen Geistesblitz hat, wird dieser geschwind aufgeschrieben, damit er ja nicht zwischen den vielen sich überlagernden anderen Gedanken verloren geht. Das klappt nicht immer, aber immer öfter. Und dann… ja dann hebt sie fast schon bedächtig ihren Wuschelkopf und durchsucht wieselflink den Raum nach einer geeigneten Person, an der sie ihre neue schmissige und witzige Anekdote auf Tauglichkeit testen könnte. Hat sie tatsächlich einen „Tester" (in unserem alltäglichen Sprachgebrauch auch gerne mal als Opfer bezeichnet) gefunden und auserkoren, will sie den eben verfassten Text betonungsvoll vortragen. Sie lacht dabei aber meistens immer schon vorher so sehr in sich hinein, dass ihr trockener Humor beim ersten Mal in der Regel nie landet. Überhaupt kann meine Mutter schön laut und herzlich lachen. Wenn sie lacht, lacht nicht nur ihre Stimme. Bei ihr lacht immer der ganze Körper. Dabei bebt ihr Bauch rhythmisch und ihr Busen schwingt im Takt mit. Ihre Wangen sind dann feuerrot und ihre Nase zuckt dabei fast unmerklich aber fröhlich. Aber vielleicht sehe ich auch das nur durch die Augen einer Tochter so?

Zugegeben, meistens sind ihre Niederschriften sehr unterhaltsam…. Und das weiß sie (leider!). Deswegen erwartet sie nicht weniger als, „Applaus Applaus" und eine Laola- Welle, nachdem sie wieder mal eine neue Geschichte an uns ausprobiert hat. Allerdings ist die Aufmerksamkeit, die sich meine Mutter da stets einfordern möchte, nicht immer für jeden, zu jeder Tageszeit, machbar. Bei mir zum Beispiel kann sich das meine Mutter früh morgens, kurz nach dem Aufstehen, schon mal knicken! Eigentlich weiß sie das, aber sie versucht es doch immer wieder.

Daher sind nicht nur meine Mutter und mein Vater der Autorin Beate M. Kunze sehr dankbar, die auch für dieses Buch die Lektorinnenrolle übernahm. Sondern auch ich, mein Bruder, sowie seine Liebste, bedanken uns herzlich bei Frau Kunze, die meine Mutter in ihrem frischen Autorinnendasein fördert, unterstützt, und ihr auch die kleine Laola-Welle für zwischendurch schwingt. Das schafft uns Kindern und auch meinem Vater mehr Freizeit. Besonders freuen wir uns über das Bild von dem Künstler Nils Rackwitz, das er meinen Eltern für das Cover dieses Buches malte. Das Bild stellt ein wahrheitsgemäßes Stillleben vom „Vorrat schaffen" dar, wie es in unserer Küche in den 80ern üblich war. Nils malte es so, wie es meine Eltern in ihren Erinnerungen schilderten. Und obwohl er sich als unabhängiger Künstler die Absolution zum Freidenker eigens geschaffen hat, hielt er sich doch sehr genau an die Erzählungen meiner Eltern. Wir bedanken uns bei Nils, der das Kopfkino ‚der Alten' so liebevoll auf Papier festgehalten hat.

Ich wünsche Ihnen viel Freude an diesem Buch meiner Eltern.
Ihre Marika Wendt

Hauskauf aus Heidis Sicht

„Heidi, wir können uns in Lübberstorf ein altes Haus kaufen. Gleich neben Männe, meinem Brigadier", sagte mein Mann als ich aus dem Zug stieg. Ich kam gerade auf dem Bahnhof in Bad Kleinen an. Jürgen holte mich wie immer mit seinem klapprigen S 50 ab. Mein Forststudium neigte sich dem Ende zu. Die letzten Monate füllten ein Praktikum in einem Forstbetrieb im Thüringer Wald. Gerade hatte ich Gewissheit, wir sollten Nachwuchs bekommen. Der Direktor der Ingenieurschule für Forstwirtschaft versuchte seine Studenten in staatlichen Forstwirtschaftsbetrieben in der Nähe unserer Heimatorte zu vermitteln. „In diesem Dorf gibt es keinen StFB", war meine erste Reaktion. „Ach, irgendetwas wird sich für dich schon finden", meinte der Gatte.

Als ich meinem Direktor von der Fachschule für Forstwirtschaft, den ich sehr schätzte und respektierte, von unserem Hauskauf erzählte, war er nicht gerade begeistert. Er war immer bemüht, für seine Studenten einen guten Ingenieur-Arbeitsplatz zu organisieren. Wo sollte er mich unterbringen? Ja, er prangerte diesen Sachverhalt in seiner Abschlussrede vor allen Studenten an: „Mir geht das Messer in der Hosentasche auf, wenn unsere teuer ausgebildeten Forstingenieure nicht flexibel sind, sich an einen Wohnort binden und von materiellen Werten, wie zum Beispiel einem Haus leiten lassen." Meine Gefühle waren so sehr zweigeteilt. Mir schlug seine Bemerkung auf den Magen. Einerseits war mein Tatendrang groß, endlich eine Verantwortung in einem Forstbetrieb zu übernehmen und damit auch gutes Geld zu verdienen, andererseits wusste ich, dass mein Mann niemals mit mir in eine Neubauwohnung nach Rövershagen ziehen würde, wo der nächste Forstwirtschaftsbetrieb seinen Sitz hatte. Dieser Kerl ist und bleibt ein heimatbesessener Naturbursche. Er liebt seine Jagd, die Hunde, das Landleben, seine Mutter, die er nie weit weg im Stich lassen würde und ja auch mich, hoffentlich. Das Leben würde schon eine Lösung für mich parat haben. Und tatsächlich wurde gerade in Wismar in der Kanalstraße ein Gebäude für einen neuen Sitz des Staatlichen Forstwirtschaftsbetriebes gebaut. Meine berufliche Perspektive schien wohl doch gesichert.

Und jetzt bekam ich erst mal unser Kind und war damit beschäftigt. Der Hauskauf stand nun aber mal an. Ich konnte nächtelang nicht schlafen und hoffte irgendwie, dass der Deal in die Hose gehen würde. Der Oberförster von Neukloster versprach uns eine schöne Neubauwohnung am Sonnenberg in Neukloster, sollte der Hauskauf nicht klappen. Er hatte immer gute Beziehungen zu allen Institutionen in der Stadt, und eine Wohnung wäre uns sicher. Eine schöne neue Wohnung in der Kleinstadt, wo Kindergarten, Schule und die moderne Kaufhalle zu Fuß erreichbar sind, das wäre mein Glück. Kein Kredit, wenig Miete. Der Hauskauf war noch nicht abgeschlossen. Wir verabredeten uns mit der Tochter des Hausbesitzers, die diese Verhandlungen führte. Sie wollte ihren Vater nicht mit nach Berlin nehmen, wo der alte Mann niemals glücklich werden würde. Das Altersheim in Kalsow hatte Kapazität. Ihr Vater war einverstanden. Doch diese Frau verlangte, was in der Natur der Sache liegt, den Höchstpreis, 20.000,00 Mark. Aber wir hatten schließlich Sozialismus, somit Regeln und Normen, die den maximalen Kapitalertrag verbot. Der Schätzer legte den Preis von 9.000,00 Mark fest. Das Immobiliengeschäft durfte für keine Mark mehr über den Tisch gehen. Ein weiteres Handicap bremste die Verkäuferin aus: „Die Zuzugsgenehmigung". Neue Einwohner für den Ort Lübberstorf kamen nur in Betracht, wenn es sich um Käufer handelte, die auf dem Land beschäftigt waren, also in der LPG arbeiteten oder im Wald. Wir jungen Leute erfüllten all diese Bedingungen, kaum Geld, aber Arbeit in der Forst. Ihre Hartnäckigkeit, das Haus an einen freiwillig Höchstbietenden zu verkaufen scheiterte, weil es außer uns keinen weiteren Interessenten gab, der diese sozialistischen Vorgaben erfüllte.

Die Zusicherung eines Zinssatzes von 1% bei der Kreissparkasse in Wismar ermunterte uns dazu, den Kauf- und später auch den Umbaukredit aufzunehmen. Die Leute dort fragten damals nach sonstigen Werten, die als Sicherheit dienen könnten, zum Beispiel ein Wartburg?! Ja, ein gebrauchter Wartburg war mehr wert, als der Schuldeintrag für ein Haus mit einer Grundstücksgröße von immerhin fast 2000 m² im Grundbuchamt. Obwohl wir damit nicht dienen konnten, befürworteten sie unser Vorhaben. Ihre Sicherheit waren wir jungen Menschen, die immer eine einigermaßen gut entlohnte Arbeit haben würden. Alle Zeichen standen also auf Grün. Das Schicksal hat es so gewollt, dass wir Hausbesitzer werden sollten. Wohl oder übel unterschrieb nun auch die Verkäuferin beim Notar den Vertrag, nachdem wir ihr vorher unser ganzes erspartes Bargeld von 2.000,00 Mark cash für das Mobiliar, einschließlich Brennholz und Unmengen von, aus unser damaligen Sicht, Unrat, überreichten und ihr somit die aufwendige Entsorgung ersparten.

Zurück vom Notar sagte mir mein Mann den Satz, der mir mein Leben lang in den Ohren klingelt: „Danke. Und du wirst mir nochmal die Füße dafür küssen!"

Manchmal frage ich mich heute, wer wem wohl die Füße küssen müsste?

Kaffeepause

Hauskauf aus Jürgens Sicht

Gebaut Ende des 19. oder Anfang des 20. Jahrhunderts, genau wissen wir das nicht, erstanden wir unser Haus. Gerade mal 21 bzw. 22 Jahre, Heidi ging mit dem ersten Kind hoch schwanger und ich meinte, es wäre an der Zeit, uns ein Heim zu schaffen. Jede normale Familie lebt zur Miete und versucht irgendwo eine Zweieinhalbzimmerwohnung in irgendeinem Neubaublock zu erbeuten. Das ging bei uns nicht, ich hatte damals schon zwei Jagdhunde, und die brauchten Platz. Also überzeugte ich mein Eheweib, dass es gut für uns sei, für die vielen Kinder, die noch kommen sollten, und überhaupt besser wäre, sich ein Haus zu kaufen, als jeden Monat die 30 oder 40 Mark Miete abzudrücken. Sie sah das zwar nicht so richtig ein, unterschrieb aber trotzdem tapfer den Kreditvertrag bei der Bank. Die muss mich damals echt geliebt haben.

Also bezahlten wir nun den Katen für den Schätzpreis von 9000,00 Mark, plus 2000,00 Mark für die wertvollen Sachen, die im Haus verbleiben sollten. Diese wertvollen Sachen waren ein Büffet, ein paar Kaninchenbuchten, Reste einer alten Feldschmiede und ungeheuer viel Brennholz, welches gleichmäßig von Rattennestern durchsetzt war. Die Ratten sprangen wie wild umher, wenn man mit einem Brett auf den Holzstapel haute.

Jetzt hatten wir unser Heim. Kurzbeschreibung: Haus mit Stallteil, wobei man nicht recht wusste, wo das Haus aufhörte und wo der Stall anfing. Also ein fließender Übergang praktisch. Die Küche war mit Ziegelsteinen ausgelegt. In der Ecke eine riesige Holzluke, die in den Gewölbekeller führte. Ein alter gemauerter Ofen mit integriertem Waschkessel, in dem von der letzten Hühnerschlachtung noch einige Federn lagen. An den Fenstern mit Stroh ausgestopfte Kaninchenfelle, die kunstvoll das alte Zeitungspapier kaschierten, welches etwaige Ritzen verstopfen sollte. Auf den Fensterbrettern lagen unzählige tote blaue und schwarze Brummer, deren Weg in die Freiheit ja von der Presse versperrt war. Daher auch der Begriff: „Pressefreiheit".

Die Räume waren sehr klein und außer der Küche mit Dielen ausgelegt, an denen sich wandseits gleichmäßig geknabberte Ratten- und Mäuselöcher befanden. Diese dienten hervorragend zur Belüftung. Man kann vieles über dieses Haus sagen, aber es war trocken. Zu Gute kam dem sicherlich auch, dass in den sechziger Jahren mal der Blitz eingeschlagen hatte und dadurch das Dach neu gedeckt wurde. Diese Dachpfannen liegen bis heute, und ich hoffe, dass sie noch ein paar Jahre machen, wenigstens bis unsere Erben die Neueindeckung bezahlen. Das Obergeschoss war nicht ausgebaut und diente als Heu-und Strohlager für die Ziegen des Hofes, die unteren Schichten waren mit Sicherheit noch Vorkriegsware. Von außen bedeckten unzählige Gewächse, teils Obstbäume, wilder Holunder oder verschiedene Kletterpflanzen das Objekt, sodass man das Haus von der Straße aus kaum sah. Leute vom BUND oder Greenpeace hätten bei so viel Natur mit Sicherheit einen Orgasmus bekommen.

Bei unserer ersten Begehung, der alte Besitzer war raus, kein Nachbar störte, erkundeten Heidi und ich das Objekt unserer (meiner) Begierde. Heidi fand den alten gemauerten Rauchabzug in der Küche gut. „Den sollte man erhalten." Haben wir dann auch. Ansonsten waren wir ziemlich ratlos, wie es jetzt weitergehen sollte. Die Hunde tobten auf dem Hof, jagten verschiedene Tiere und waren unermesslich glücklich.

Mit einmal wusste ich, an Heidis Glück würde ich noch ziemlich lange stricken, beziehungsweise mauern müssen.

Berufsgenossenschaft war noch nicht…

Wir wohnen bei Oma Holst Heidi

Während der Umbauzeit wohnten wir in Lübberstorf für eine spärliche Miete von 20,00 Mark bei Frau Holst. Ihr gehörte ein großes Haus an der Hauptstraße mit Scheune und Stall. Sie hatte eine Wohnung frei. „Sie bekommen diese Wohnung nicht", warnte uns ein Angehöriger damals. Vorher hatte hier die Schwägerin gewohnt, die verstorben war. Die Familie wollte verhindern, dass jetzt Fremde hier einzögen. Aber über die Vergabe der leer stehenden Wohnungen entschied damals der Bürgermeister. Wohnraumvergabe war Sache des Rates der Gemeinde und nicht des Hauseigentümers. Es war die einzige freie Wohnung im Ort, und es gab einige Bewerber. Hochschwanger saß ich im Gemeindebüro von Lübberstorf und machte Rabatz, weil wir diese Wohnung am dringendsten brauchten und einzögen, solange wir unser Haus umbauten, was sonst nie meine Art ist. Auch der Bürgermeister bekam Feuer von der Familie von Oma Holst und wollte Ärger vermeiden. Heute ist der damalige Bürgermeister mein Kollege und wir lachen über diesen verbalen Konflikt von einst. „Du hattest echt Haare auf den Zähnen", sagt er mir. „Mir blieb gar nichts anderes übrig, als euch die Wohnung zu geben."

Und so zogen wir ein. Mit ansonsten gebrauchten Möbeln, dem geerbten Büffet, das uns der alte Mann unseres neu erworbenen Hauses hinterlassen hatte und einem vom Ehekredit gekauftem ausziehbaren Doppelsofa, für 2000,00 Mark. Vom Rest des zinslosen Krediates, damals 5.000,00 Mark, kauften wir eine Waschmaschine WM 66, einen Kühlschrank und einen Fernseher. Für alle Teile musste man sich im „Haus für Technik" in Wismar anmelden und lange warten. Junge Eheleute wurden dennoch bevorzugt beliefert.

Die Wohnung war klein und gemütlich, zwei Zimmer und eine Küche, von der man gleich zum Hof raus gehen konnte. Die Toilette war ein Plumpsklo im Schuppen, aber es gab immerhin fließendes Wasser im Haus. Die Wohn- und Schlafstube wärmten herrliche Kachelöfen, und in der Küche stand ein sogenannter Beistellherd, mit Holz und Kohle zu beheizen. Auf dem konnte man nicht nur Essen kochen, sondern auch die Windeln im großen Kochtopf, erst für Sohn Benny (meine Patentante meinte damals, dass der Junge mit diesem Vornamen nie eine Lehrstelle bekommen würde) und dann 15 Monate später für Tochter Marika. Wir arrangierten uns gut mit der Hauseigentümerin. Für die alte Frau waren wir dann schließlich doch eine willkommene Abwechslung. Wir haben uns gut verstanden, ja, ich kann sagen, sie war froh, dass sie nun nicht mehr allein in dem großen Haus lebte. Frau Holst war eine so liebenswerte Frau. Früher hat sie in der LPG im Schweinstall, der hinter dem Haus war, gearbeitet. Wie bei so vielen alten Menschen auf dem Land bestand ihr Rentnerdasein aus der Versorgung von Kleinvieh wie Hühnern, Enten und Gänsen, ganz vielen Katzen und einem Hund. Immer wirtschaftete sie in Gummistiefeln, Kittelschürze, blauer Arbeitsjacke, sowie stets ein wollenes Tuch auf dem Kopf, auf dem Hof und in dem viel zu großen Garten am Haus. Sie gab uns von den Früchten aus dem Garten ab. Ich kaufte oft für sie im Dorfkonsum mit ein. Sie ging nicht gern einkaufen, denn für das Getratsche mit den Frauen aus dem Dorf war sie nicht zu haben. Am wichtigsten war es ihr, stets genug Milch für die vielen Katzen im Haus zu haben. Ich kümmerte mich auch um sie, wenn sie krank war. Wir vereinbarten Klopfzeichen durch die Wand, falls sie mal Hilfe brauchte und ja es ist vorgekommen, dass wir den Arzt für sie heranholten. Aber im Großen und Ganzen war sie eine zähe Frau. Und sie war eine freundliche, kluge und lebenserfahrene Frau. Gern scherzten wir beide offen über die Allüren der Männer. Ihr eigener war früh gestorben. Sie gab mir ihre Lebensweisheiten mit auf den Weg, an die ich mich manchmal erinnere. „Es bringt nichts, sich lange mit den Männern über ein Problem zu streiten und Kraft zu verschwenden. Lieber eine Nacht drüber schlafen, dann erst die Tiere füttern und dann nochmal gemeinsam gucken was geht", riet sie mir.

In ihrer warmen Stube tranken wir oft Kaffee, und sie freute sich über unsere Kinder. Immer gab es darüber was zum Lachen. Als Benny laufen konnte, tippelte er Hand in Hand mit ihr über den Hof. Beide brappelten über die Tiere die es hier gab und sie verstanden sich prächtig. Beim Öffnen der Hühnerluke zählten sie gemeinsam die Hühner, die aus dem Stall kamen. So lernte der Lütte das Zählen. Wenn ich aus dem Haus ging, um etwa den Handwerkern das Essen zur Baustelle zu bringen, passte sie auf die schlafenden Kinder mittags auf.

Die Wohnung war klein, aber wir hatten unser ganzes Glück mit den Kindern und die Vorfreude auf unser neues Heim. An den Wochenenden arbeiteten Jürgen und sein Bruder Heinzi, sowie Freunde, die was vom Handwerk verstanden, am Haus. An manchen Wochenenden stoppte der Umbau, weil Jürgen im Gegenzug Handlanger bei den Freunden war, die uns halfen und ebenso umbauten. Über Winter blieb Ruhe auf dem Bau.

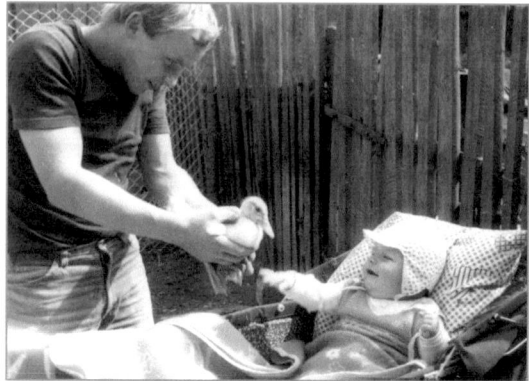 

Was der Kleine wohl werden will: Geflügelzüchter oder Maurer?

In diesen zwei Jahren fühlten wir uns wohl in dem Haus von Frau Holst, bis auf ein Manko. Es gab so viele Mäuse in diesem alten Haus, dass wir uns einen Mantel aus Mausepelz hätten machen können. Jeden Tag hatten wir Weidmannsheil in der Mausfalle. Wir verstopften die Mauselöcher in den Dielen, aber dann fraßen sie neue. Oft nagte es so laut am Holzfußboden in der Schlafstube, dass ich Angst vor einer Ratte hatte. Wir besaßen zwei Jagdhunde, einen Deutsch-Drahthaar und einen Teckel, die über Nacht im Zwinger schliefen. Mir blieb nichts anders übrig, als die Hunde nun nachts in der Wohnung zu dulden. Dorne und Charlie, so hießen die Hunde, lagen beide vor den Kinderbetten und bewachten sie. Und es blieb dann auch tatsächlich ruhig. Frau Holst hatte also nicht umsonst so viele Katzen auf dem Gehöft. Als Benny schon plappern konnte, redeten wir ihm ein, dass es kleine Igel wären, die zwischen seinen Bauklötzern flitzten. Wir wollten nicht, dass der Junge in der Kinderkrippe erzählt, wir hätten Mäuse in der

Wohnung. So erzählte er dort stolz, dass wir kleine Igel haben, was natürlich keiner glaubte. Wenn ich ihn aus der Krippe abholte, beschwerte er sich, dass Tante Erika ihn nicht ernst nahm und war böse darüber. „Ja", sagte ich zu Krippenschwester, „der Junge hat eine rege Fantasie!"

Eilig holte er sich einmal von mir eine Taschenlampe, legte sich mit dem Bauch auf den Teppich und leuchtete unter den Schrank. „Was suchst du denn da?", fragte ich. „Mutti Mutti, hier sitzt ein Igel und guckt mich an und der sieht soooo lieb aus". Noch heute wirft uns der Bengel vor, dass wir ihm nie die Wahrheit gesagt haben.

Einmal hatten wir sogar einen Hund der Katzen mochte.

Umbau Jürgen

Früher gab es ja nichts, sagt man so, weil alle das sagen. Hausbau oder Umbau war zu DDR-Zeiten schon ein Abenteuer. Trotzdem kenne ich niemanden, der wegen Geldknappheit oder Materialmangel den Bau eingestellt hätte.

Bankenpleite oder Grexit gab es noch nicht, und so haben wir peu a peu irgendwann mit viel Wille, Geschick und Elan diverse Bauphasen vorangetrieben. Ich will jetzt nicht behaupten, dass man irgendwann fertig war, irgendwie wird man doch nie fertig. Ich trau mich mal zu sagen, wenn heutzutage Griechenland einen Schalck-Golodkowski hätte, könnte man die Staatspleite noch wenigstens 15 Jahre raus schieben. Wenn wir ehrlich sind, waren wir in der DDR doch alle kleine Schalcks. Otto Normalverbraucher konnte zwar keine Devisen beschaffen, aber was man brauchte, gab es irgendwo. Jeder konnte oder hatte was, was andere brauchten. So hat sich in irgendeiner Weise ein Kreislauf entwickelt, der sogar ohne oder mit wenig Geld funktionierte. Ein Highlight für Tauschgeschäfte waren zum Beispiel Räucheraal, Trabant Teile, diverses Heizungsmaterial oder Elektrokabel.

Aber auch andere Verbindungen zu irgendwelchen Betrieben waren von Vorteil. Zum Beispiel im Konsum waren es Negerküsse, Entschuldigung: Schaumküsse, Weizen von der LPG für die Hühner oder altes Brot vom Bäcker für die private Schweinemast. Ich war Geschäftspartner für Holz. Jedem Angehörigen des Staatlichen Forstwirtschaftsbetriebes standen im Jahr 5 m^3 Deputat Holz zu. Dieses konnte man dann zu Brettern oder Bohlen einsägen lassen und andere Waren dafür eintauschen.

Unser Haus besaß massiv gemauerte Fenster mit Rundbögen. Hübsche Stürze in Halbrundform umrandeten diese von oben. So sollte es auch nach der Modernisierung noch aussehen. Ich hatte Lärchenholz, ich betone „Lärchenholz", in Bohlen geschnitten und wollte mir Fenster davon bauen lassen, die akkurat in die Öffnung passten. Doch fanden wir selbst nach intensiver Suche keinen Fensterbauer oder Tischler, der uns diese bauen wollte. Selbst bei der Lieferung von doppelter Holzmenge, meinten alle, dass sie keine Zeit hätten.

Also merke: Holzlieferung klappt nie beim Tischler, Aallieferung nie beim Fischer, Trabant Teile nie in der Autowerkstatt. Entweder tauschte man dreidimensional, oder man war am Arsch. Ich hatte keine Möglichkeiten, und so musste auf Kunststofffenster, doppelt verglast, ausgewichen werden. Die schönen halbrund gemauerten Stürze wurden rausgerissen und durch Betonstürze ersetzt. Die Hohlräume, die dabei entstanden, wurden mit eineinhalb formatigen Lochsteinen gefüllt, die ich wiederrum im Tausch gegen mein Fensterholz aus einer Ziegelei bekam. Also Holz gegen Steine, das geht.

Der nächste Knackpunkt war das Bad. Fußbodenfliesen hatten wir schnell, terrakottafarbig, halb rot, halb gelb. Aber Wandfliesen waren Mangelware und selbst nach intensiven Recherchen war da nichts zu machen. Selbst meine Angebote von Holz verpufften im Nichts. Das Fliesenwerk in Boitzenburg produzierte schon seit Jahren nur für den Westen. Oma durfte als Rentner nach Drüben reisen und schleppte uns später die schweren Fliesen mit Jagdmotiv im Koffer rüber. Aber jetzt war sie noch nicht Rentner, und ich musste auf Glasfliesen ausweichen. Entweder ein helles Blau oder Schweinchenrosa. Wow, was für eine Auswahl! Wir entschieden uns für Blau, der nahen Ostsee wegen. Außerdem dachte ich mir, auf Blau sieht man den Dreck nicht so sehr.

Unser Fliesenleger, ein Kumpel, der sich nach der Arbeit ein paar Mark dazu verdienen wollte, meckerte wie blöd, weil die Wände nicht glatt genug geputzt waren. Ich versuchte es auf das alte Haus zu schieben, die Wände waren vorher auch schon schief. Und im Übrigen sollte er sich nicht so haben, das hier sollte ja schließlich kein Interhotel werden. Er meinte, eigentlich würden die Dinger geklebt, aber sie könnten vielleicht auch mit Beton angelegt werden. Na also, ging doch! Irgendwann war das Bad fertig und sah gar nicht so schlecht aus.

Doch nach sechs oder acht Wochen, als alles richtig ausgetrocknet war, schlug der Beton durch. Nun konnte man jeder einzelnen Fliese ansehen, wie groß der Zementflatschen war, der zur Befestigung diente. Dies war dann doch recht gewöhnungsbedürftig, aber eben nicht zu ändern. Und außerdem sieht die Ostsee auch nicht immer gleich blau aus, es könnten ja die Wellen sein.

Parallel zum Bad wurden die anderen Räume hergerichtet. Wände raus, neue gemauert. Unterbeton und Estrich rein, Türen und Fenster raus und neue rein. Je nach Freigabe, Glück beim Einkauf, beziehungsweise bei irgendwelchen Tauschgeschäften, waren die Türen alle anders maßig. Wir hatten siebziger, neunziger und ein Meter zehn große Türen. Man musste schon genau überlegen, wo eine größere Öffnung rein musste und wo eine schmalere Tür reichte.

Fast jedes Wochenende wurde jetzt gebaut. Ich war der Herr über den Betonmischer. Ein richtiger Maurer beschäftigte sich nicht mit diesen niederen Arbeiten. Der brüllte nur laut: „Mischung!". War der Handlanger nicht schnell genug, hatte er Zeit, eine zu rauchen oder sich ein neues Bier aufzumachen. Dies sollte man als Bauherr bestmöglichst verhindern und versuchen, den selbst gesteckten Fünfjahresplan zu erreichen.

Die Betonmischung habe ich noch heute im Kopf. Unterbeton eins zu sechs oder sieben, Estrich eins zu drei und bei Putzmörtel neun Kies, drei Blaukalk (wenn nicht vorhanden, Karbidschlamm aus irgendeiner Schlosserei) und eine Schaufel Zement. Zumindest bei Zement konnte aus dem Vollen geschöpft werden. Das war nicht immer so, aber irgendwann muss man auch mal Glück haben. Das Glück hatte auch einen Namen, das hieß „Wolfgang" und war mein Nachbar, drei Häuser weiter. Der baute gerade selber und hatte, von wo auch immer, eine Freigabe für eine Tonne Zement erhalten. Portlandzement wohl gemerkt! Das war der Gute! Blöd war nur, dass sich seine Freigabe in Wismar in der Kanalstraße lose in riesigen Silos befand. Wollte man seine Freigabe nun abholen, musste man schon Säcke mitbringen und diese selber füllen. Wolfgang war damals in der Blindenanstalt angestellt und hatte Zugang zum Materiallager. In weiser Voraussicht hatte er schon mal eine Unmenge von Papiersäcken, die sogar imprägniert waren, organisiert. Jeweils zu fünfzig Stück im Packen, lagerte er diese in seiner Garage. Organisieren in der Blindenanstalt ging recht gut (sah ja keiner). „Irgendwann kann man die schon mal brauchen", dachte er sich so. Jetzt war es soweit, und ich bewunderte ihn wegen seiner Weitsicht. Vom

Fuhrpark des Forstbetriebes wurde ein LKW organisiert. Der Fahrer baute ebenfalls, bei ihm war es eine neue Garage, und er meinte so: „Oh das passt ja gut! Ich helfe euch beim Einsacken und bekomme meine Prozente!" Eine Tonne Zement war schnell gesackt und verladen. Die Jungs vom Zementwerk waren von den unermesslichen vielen übrig gebliebenen Papiersäcken ungeheuer begeistert. Also wurde getauscht, Papiersäcke gegen Zement. Selbst die Zementwerker halfen jetzt beim Sacken und Verladen. Einen vollen gegen zwei leere Säcke, und der LKW füllte sich schnell. „Nachbar Wolfgang, du bist der Größte!" sagte ich mit ungeheurer Achtung. „Ja, das bin ich wohl", meinte er ganz unbescheiden.

Niemals vor und nachher habe ich so viel Zement besessen. Dieser Umstand sollte sich bitter rächen. Also wie schon gesagt, ich stellte am Mischer den Beton für Fußboden und Putz her. Eigenmächtig schönte ich die vorgegebene Mischung nach oben. Doppelte Menge Zement, wie gefordert, der Bau sollte ja schließlich halten, und es traf ja auch keinen Zementarmen. Im Laufe der Jahre wurde dann neu gefliest. Jedes Mal neue Fliesen auf die alten. Ich hatte Angst, diese deutsche Wertarbeit abreißen zu müssen. Die Russen haben es auch nicht geschafft, fünfundvierzig die Raketenstellung von Adolf in Peenemünde zu sprengen.

Vor zwei Jahren ist dann der Super-Gau passiert. Rohrbruch im Bad, ganz unten. Wir merkten es nicht, nach oben war alles schön trocken. Nur der Wasserdruck in Dusche und Badewanne war nicht wie sonst. (Können die vom Zweckverband nicht mal den Druck erhöhen, dachte ich noch so). Das überschüssige Wasser lief durch das Felsenfundament ab und versickerte nach und nach im Gartenboden. Als bei einem mittleren Wind ein sonst intakter Kirschbaum plötzlich umfiel, wurde ich stutzig. Der war vollkommen unterspült und ich meinte, es wäre jetzt irgendwie nötig, mal auf die Wasseruhr zu schauen. Die drehte sich wie verrückt, obwohl kein Wasserhahn geöffnet war. Beim Vergleich des Wasserverbrauches der letzten Jahre hatten so ca. 400m³ das Weite gesucht. Klempner Olaf rückte mit moderner Messtechnik an und konnte mir ziemlich genau sagen, wo sich das Leck befand. Folgende Anordnung hinterließ er mir: „Du stemmst ein Loch bis an die Leitung, schön großzügig, und übermorgen gucken wir mal." Es war eine Sauarbeit, sich durch verschiedene Lagen von Fliesen und Zementschichten zu arbeiten. Am Übermorgen meinte er dann: „Die Leitungen sind alle Schrott, wir legen neu. Fußboden samt Unterbau raus und Fliesen bis auf die Kernwände ab! Fußboden aus der Küche ebenfalls raus, da kommen die Leitungen aus dem Keller. Selbst verzinkte Rohre sind nach 30 Jahren, zumal wenn sie einfach so blöd frei im Kies liegen, irgendwann Schrott." Auf meine Frage, ob vielleicht eine kleine Teilsanierung, Leitungen auf dem Putz oder andere Maßnahmen das Problem lösen könnten, meinte er nur: „Alles raus oder du suchst dir einen anderen Klempner! Ich fusche hier nicht rum. Nächste Woche kommst du mit dem nächsten Rohrbruch zwei Meter weiter."

Jetzt war die Kacke am Dampfen. Firma kommen lassen oder selber probieren? Mit dem größten Stemmhammer, den man mieten kann, knapperte ich jetzt stückweise am Beton gestählten Haus. Mich hatte der Ehrgeiz gepackt. Eine Woche lang arbeitete ich mich durch die blauen Zementschichten. Manchmal hasste ich jetzt Nachbar Wolfgang, weil er damals so viele Papiersäcke geklaut hatte.

Familie Wendt zieht ein (1986)

Das Küchenhuhn   Heidi

Nun ließ es sich nicht mehr hinausschieben, generelle Umbauten unserer Küche standen an. Während des Umbaus brauchten wir absolute Baufreiheit, und so stellte mein Mann alles aus der Küche, was im Wege war. Ich legte über meinen Küchenofen alte Bettlaken, damit er nicht so einstaubte. Die Küchentür stand während der Bauphase immer offen, es war Sommer. Diese Baufreiheit diente aber auch der größeren Bewegungsfreiheit unserer Hühner. So stolzierten sie über die Baustelle, das heißt, durch die Küche. Ich scheuchte die Hühner raus, aber wenn die Gelegenheit günstig für sie war, waren sie auch wieder drinnen. Der Küchenboden war aufgerissen, sodass es hier und da immer wieder mal was Neues im Baudreck zum Kratzen und Scharren gab.

   An einem Samstagmorgen frühstückten wir in unserer Bauküche. Ich machte jeden Morgen belegte Brote und Kaffee in der Thermoskanne. Da stolzierte ein Huhn an uns vorbei in die Küche. Ich wollte es gerade rausscheuchen, mein Mann hielt mich aber zurück. „Ist doch lustig, lass mal gucken was es macht", sagte er. Und was machte es? Es flatterte auf den Küchenofen und hockte sich langsam auf das Bettlaken. „Will Frau Huhn jetzt etwa ein Ei legen? Oder was wird das jetzt?" Wir tranken unseren Kaffee, warteten, ließen das Huhn nicht aus den Augen. Und tatsächlich, nach fünf Minuten erhob sich das Huhn und es war ein Ei zu sehen. Das Huhn richtete seine Flügel, flatterte vom Herd und lief laut gackernd aus der Küche zum Hof hinaus, wo der Hahn schon wartete. Seitdem kam dieses Huhn jeden Tag pünktlich um acht Uhr in die Küche, flatterte auf den Herd und tat seine Arbeit. Meinem Mann gefiel es natürlich, dass das Huhn immer zutraulicher wurde und uns täglich ein Ei legte. Er stellte dem Huhn ein Körbchen mit Heu hin. Es setzte sich auch tatsächlich dort rein. Wenn wir am Wochenende mal länger schliefen, dann pickte es so laut an die Küchentür, bis wir es hinein ließen. Das war ein Service: ein Ei gleich griffbereit in der Küche! Es war wohl das ökologisch- biologischste Ei auf der ganzen Welt. Kein Transportweg und 100% Direktvermarktung, frischer geht es nicht. Ich kann nämlich an der Konsistenz und am Geschmack erkennen, dass ein Ei ganz frisch ist, also ganz, ganz frisch, von heute morgen. Mein Mann, der sich ja selbst als der beste Frühstückseierkocher der Welt betitelt, (na gut er ist es ja auch!) wettet mit mir gern, dass ich es nicht rausfinden würde. Aber er hat bis jetzt immer verloren. Er legt mir zwei weich gekochte Eier auf meinen Platz, eines vom Vortag und eines vom selben Tag, und ich kann genau sagen, welches Ei von heute ist. Ich kann es schwer erklären, aber man schmeckt es einfach. Das Eiweiß ist etwas fluffiger und zarter, es zerschmilzt auf der Zunge. Es hat einen sehr feinen edlen Geschmack, ein wenig nach frischer Milch. Manchmal denke ich dann oft an zu Hause, an früher. An das Frühstück an einem Sonntagmorgen im Sommer in unserer Küche, an meine Mutter. Der Küchentisch am Fenster zum Hof. Das Fenster ist offen, es duftet nach Heu, nach Grünfutter, nach Mist. Ein frisches Ei genüsslich löffeln zu dürfen, ist wahrlich ein kleiner Luxus.

Meine Schwägerin hat mal gesagt, dass unsere Eier sehr komisch aussehen und wohl schlecht sein müssen, weil sie so hellgelb sind. Sie kannte nur die Eier mit Eigelb in den Farben orange-ocker bis zementgrau, vom Aldi oder Penny.

Wenn mein Mann abends nach Hause kommt, geht er zuerst in den Hühnerstall. Er freut sich über die Erfolge seiner guten Fütterung. Frisches Wasser, grünes Gras, was auf dem Hof wächst, Weizenkorn vom Bauern und fast jeden Tag eine Tüte Haferflocken. Er hält sich mit Vorliebe Grünleger. Das sind Hühner, die sehr hübsche grüne bis türkisfarbene Eier legen. Das ist sehr praktisch zu Ostern, da braucht man nicht zu färben. Die Hühner sind eine Kreuzung der Rasse von Araukaner-Hühnern, eine Urwildrasse aus Chile oder Peru und wurden bei den Araukanern, einem Indianerstamm, gezüchtet. Die Hühner sehen ein bisschen komisch aus, weil sie keinen Schwanz haben. Es sind weiße, braune und bunte Hühner. Im Sommer denke ich manchmal, dass er ein wenig mit seiner Hühnerliebe übertreibt. Dann setzt er sich mit einem Bier und einer Zigarette auf die Gartenbank, und die Hühner sitzen um ihn herum.

Irgendwann wurde unsere Küche aber fertig. Der Fußboden hatte neue Fliesen in antiker Holzoptik, und es sollte nun auch alles sauber und somit das Huhn draußen bleiben. Das war nicht so einfach. Das Huhn wollte seinen gewohnten Gang in die Küche machen, stand vor der geschlossen Tür. Pickte mit dem Schnabel an die Tür, flatterte vergebens gegen die Fenster und tobte. Schließlich fand es den Umweg über das Badezimmerfenster, wenn es offen war. Also da soll mal einer sagen, Hühner sind dumm! Der Sommer ging zu Ende. Der Herbst kam, die neue Holzvergaserheizung funktionierte noch nicht, sodass ich den Küchenherd heizen musste. Jetzt musste das Huhn wirklich entwöhnt werden. Wehmütig beobachteten wir das arme Huhn, wie es um seinen Legeplatz kämpfte und fast wahnsinnig wurde, dass wir es nicht hinein ließen. Wir mussten jetzt stark bleiben. Nach einigen Tagen gab das Huhn auf und gewöhnte sich wieder an die Nester im Hühnerstall.

Jetzt denkt Ihr, das ist ja verrückt bei Wendts, und man sollte meinen, verrückter geht es nicht. Aber doch, es geht noch verrückter! Einen Abend vor Weihnachten stellten wir unseren kuriosen Weihnachtsbaum auf. Zum ersten Mal in unserer neuen Küche, denn wir hatten ja nun eine größere, eine Wohnküche. Da klopfte etwas an der Küchentür. Und es war? Na? Ja, das Huhn! Wir machten die Tür auf, und das Huhn stolzierte ganz selbstverständlich durch unsere Küche und schritt ganz selbstbewusst in den neuen Essbereich. Es will doch wohl kein Ei legen? So spät am Abend? Nein das konnte nicht sein, außerdem legten die Hühner jetzt sehr schlecht. Nein, das Huhn ging zielgenau zum Schaukelstuhl und flatter flatter… setzte es sich auf die Lehne und blieb dort einfach sitzen. Ich stritt mit meinem Mann, dass er bitte das Huhn in den Stall bringen sollte. Aber er schwafelte etwas von Mystik und geheimnisvoll und so. Ich fragte meinen Mann, ob er denke, das Huhn sei die Reinkarnation von Udo Jürgens, der vorgestern verstarb? „Nein, wenn schon, dann vom großen Boxtrainer Fritz Sdunek, der ist nämlich gestern gestorben!" Ich meinte, es könnte ja auch seine Mutter in anderer Gestalt sein. Und gerade deswegen, sagte mein Mann, könne man zu Weihnachten nicht so herzlos sein! Irgendetwas Übersinnliches würde uns das Huhn vielleicht jetzt übermitteln wollen. Mein Mann machte auf einem der unteren Zweige vom Weihnachtsbaum Platz und setzte es dort rein. „Das hat doch was, ein Weihnachtsbaum mit Huhn. So bleiben wir unserem Grundsatz vom kuriosesten Weihnachtsbaum der Welt treu!" Aber nein, dem Huhn gefiel diese Idee überhaupt nicht. Es wollte auf der breiten Lehne vom Schaukelstuhl schlafen. So legte der Gatte auf und unter dem Stuhl alles mit Zeitungspapier aus. Das Huhn hinterließ seine Hinterlassenschaft zielgenau auch auf der Zeitung, nirgends wo anders. Es rührte sich die ganze Nacht nicht. Das Huhn schien wie hypnotisiert zu sein, machte nur manchmal ein paar glucksende Geräusche. Ansonsten bewegte es sich überhaupt nicht.

Am Morgen gackerte es pünktlich um halb sechs und weckte uns. In der Woche ist das ja ganz ok, nur nicht wenn man länger schlafen darf. So teilten wir unsere Küche über die Weihnachtsfeiertage samt Silvester nachts mit dem Huhn. Unser Weihnachtsbesuch, der am Abend kam, bemerkte überhaupt nicht, dass da noch ein Huhn auf der Lehne vom Schaukelstuhl saß.

Irgendwann stellte ich mir aber doch die Frage, was uns denn nun das Huhn Übersinnliches übermitteln wollte? Und als nächste, wann ich mich wieder abends im Schaukelstuhl schaukeln könnte? Mein Mann sagte, ich wäre so herzlos, als ich das Huhn abends aussperrte. Wir leben mit zwei großen Hunden im Haus, da soll noch einer sagen, dass ich nicht tierlieb wäre.

Und dann hatte ich da noch so eine Frage: In welcher Rangfolge stehe ich eigentlich?

Unser Hof

Jürgen

Noch zu DDR-Zeiten kauften wir unser Heim, das war 1982. Etwas abgelegen vom Dorf stehen 5 Häuser. Im Volksmund heißen diese: Hinter dem Berg. Und genauso lebt es sich auch hier. Die Straße, ein besserer Landweg, endet hier, beziehungsweise läuft als schlechterer Landweg weiter in den Wald. Die Autos der Nachbarn erkennt man am Motorengeräusch, genauso das Post- und das Bäckerauto. Hört man ein anderes Fahrzeug, wird schon mal aus der Tür geschaut, ob etwa Teppichverkäufer, Autohändler für den Export in Nicht-EU-Staaten oder irgendwelche Touristen, die sich verfahren haben, die heilige Stille stören.

Die Grundstücke sind relativ groß und werden, zumindest bei mir, durch Pflanzung von Büschen oder Setzen von neuen Zäunen kaum merklich, aber stetig, zum angrenzenden Ackerland erweitert. Unser Vorgänger, ein alter Mann, dem die Frau vor ein paar Jahren gestorben war, lebte hier praktisch als Selbstversorger. Brennholz für wenigstens 15 Jahre im Voraus, wobei das Älteste sich schon im Zerlegungsprozess befand. Kartoffeln im Vorgarten, auf dem Hof verschiedene Ausläufe für Hühner und Enten, sowie ein kleiner Ziegenstall. Die Kaninchen wohnten in kleinen Buchten im Haus und waren, bis auf die Tür, von allen Seiten mit Brennholz zu gestapelt.

Zur Obstversorgung standen viele alte Bäume im Hof. Einen Obstbaum hatte der Opa mir besonders an Herz gelegt. Da er auch ein sehr großer Veredler war, stellte er mir sein bestes Stück vor. Ein Apfelbaum mit angeblich 21 verschiedenen Sorten. Ja auch früher wurde schon maßlos auf die Kacke gehauen. Der hatte nicht mal 21 Äste! Seine Worte höre ich noch heute: „Du kannst hier machen, was du willst. Aber wenn der Fernsehfunk mit Erika Krause aus „Du und dein Garten" kommt, dann bekomme ich das Geld aus der Übertragung". Der Opa war schon fortschrittlich, wahrscheinlich hätte er nebenbei auch Werbung für Ata oder Kaffee Rondo in „Tausend-Tele-Tipps" gemacht. Zu seiner Ehre muss ich hier aber sagen, dass tatsächlich 4 Sorten auf diesem Baum wachsen. Ich habe diesen Baum nie beschnitten oder besonders gepflegt, und trotzdem trägt er jedes Jahr.

In meinem jugendlichen Leichtsinn dachte ich, den alten Baumbestand verjüngen zu müssen. Ich kaufte hier und da neue Sorten und integrierte sie zwischen den alten Bäumen. Moderne Neuzüchtungen, viertel- und halbstamm. Mit dabei waren zum Beispiel Süßkirschen, die in der Bäuerlichen Handelsgenossenschaft, kurz BHG, erstanden wurden. Die hat uns unser sowjetischer Waffenbruder geschickt. Ich hatte in der Schule zwar 5 Jahre Russisch, konnte die Etiketten aber nie übersetzen. Oder ganz große Pflaumen der Sorte Stanley. Mit denen konnte ich den Ertrag ins Unermessliche steigern. So ein Eimer Pflaumen abgeliefert in der Kaufhalle brachte schließlich 10 oder 15 Mark. Da waren die blauen Landpflaumen vom Opa doch ein Scheiß dagegen. Neben den drei Johannisbeerbüschen vom Alten pflanzte ich Stachelbeeren. 25 Hochstämmchen, da es beim Pflücken leichter ist. Grün geerntet bekam man 4 Mark das Kilo. Diese brauchte unsere sozialistische Wirtschaft, um Pektin herzustellen.

Ziemliche Exoten im Norden waren Weintrauben. Unser Haus steht mit der Giebelseite nach Süden. Der Boden ist gut, also baute ich Wein am Haus an. Mir schwebte ein Kilopreis zwischen 6 oder 7 Mark vor, die ich auf dem Wochenmarkt oder vor der Kaufhalle damit erzielen könnte. Leider habe ich die Wespen, Hornissen und diverse Vögel nicht bedacht, die schon vor der Reife ernteten.

Ein weiteres Highlight im Geldverdienen war Chicorée. Wenn die Leute sich im Winter an Weiß-oder Rotkohl satt gegessen hatten, wollte ich mit ganz frischem Chicorée auf den Markt. Also zwackte ich aus dem Obstgarten mal so 100 m² ab und baute Chicorée an. Die werden im Herbst aus dem Boden gehoben, in Sandkisten im Keller gelagert und vorgetrieben. Dann kann man im Januar oder Februar ernten. Ich hatte einen Keller, ich hatte Kisten und ich hatte Sand. Was ich allerdings auch hatte, waren ungeheuer viele Nacktschnecken, die mein Wintergeschäft schon in der Gartenwachstumsphase im Keim erstickten.

Was soll ich heute sagen? Wirklich reich geworden bin ich nicht. Wenn ich ehrlich bin, war die ganze Mühe ein Verlustgeschäft. Wenn ich heute auf dem Hof stehe, erkenne ich: Weniger ist manchmal mehr! Die alten Bäume vom Opa stehen immer noch und tragen jedes Jahr. Die Hochleistungssorten sind zu 80 Prozent Dank Trockenheit, Schädlingsbefall oder Altersschwäche längst im Obsthimmel beziehungsweise in der Heizung. Der Wein versorgt weiterhin sämtliche Tiere und bedeckt mit ungeheurer Präzision zweimal im Jahr die Satellitenschüssel. Ich glaube, vor 6 oder 7 Jahren haben wie das letzte Mal Trauben geerntet.

Jetzt denkt ihr bestimmt, ich bin ein Versager. Aber manchmal klappt auch was. Zu unserem Haus gehörte eine Wiese und ein kleines Stück Acker. Auf diesem bauten wir Lauchzwiebel an. Die konnte man für wenig Geld in unbegrenzter Menge in jeder BHG kaufen. (Und die Leute sagen immer: Im Osten gab es nichts.) Viele Jahre haben wir die gesteckt und nach 6-8 Wochen wieder rausgerissen. Zu zehnt gebündelt, mit Gummis aus einem alten Fahrradschlauch geschnitten, in Kisten verpackt, brachten wir die jeden Morgen zur Abnahmestelle in die Kaufhalle. So eine Trabant-Kombi-Ladung, die wir am Vorabend mit 3 Personen (Oma musste auch mit) geerntet hatten, brachte immerhin um die 250-300 Mark. Das konnten wir so fünf bis sechsmal wiederholen bis der Acker leer war.

Wenn ich meine ganze Energie in Lauchzwiebel gesteckt hätte, bräuchte ich heute keine Geschichten zu schreiben.

Vorrat schaffen

Heidi

„Ist das nicht schön, wenn man immer nur nehmen kann, wenn man was braucht", sagte meine Schwiegermutter und machte das selbst eingeweckte Fleisch auf, dazu ein Glas grüne Bohnen und zum Nachtisch Erdbeeren. Die Kartoffeln waren natürlich auch aus dem Vorratskeller.

Ich gebe ja zu, es ist schon eine gute Sache, selbst Geerntetes, selbst Geschlachtetes zuzubereiten. Und der Trend geht ja auch wieder dahin, Selbstversorger zu sein. Einwecken liegt wieder sehr im Trend. Trotzdem bin ich so froh, dass ich dieses Vorratsdenken ablegen darf. Selbst wenn ich auch die Lust dazu irgendwann wieder entdecke, möchte ich nie wieder die Zeit zurück haben, als wir Frauen noch einwecken mussten. Ich frage mich auch, wann und wie wir das alles früher geschafft haben? Vollberufstätig, Kinder und Haushalt. Und dann die Ernte aus dem Garten verwerten. Und es wurde in fast jeder Familie getan, denn die meisten hatten hier im Provinzland einen Garten. Es war zwanghaft, nichts verkommen zu lassen. Ich wollte als junge Frau darum niemals einen Garten haben. Hatten wir dann aber doch. Und außerdem hatte ich auch noch eine Schwiegermutter, die in unserem Haus lebte. Sie war eine leidenschaftliche Gärtnerin. Jeder Platz im Garten wurde ausgenutzt. Sie legte mir die Früchte ihrer Arbeit haufenweisen auf den Küchentisch. Und das, wenn ich von der Arbeit abends nach Hause kam. „Da, kannste einwecken!", sagte sie fordernd. Unter ihrer Kontrolle weckte ich dann Obst und Gemüse ein. Viele Gläser wurden gründlich gewaschen, denn es musste ja alles peinlich sauber sein, damit die Gläser auch zu blieben. Stundenlang kochte der Einweckkessel auf dem Herd. Ich habe Einwecken gehasst. Manchmal gab ich vor, meine „Tage" zu haben, denn dann schützte mich der Aberglaube vor dieser ungeliebten Hausarbeit, weil die Gläser dann wieder aufgehen würden.

Meine Schwiegermutter erlebte Hunger und Elend im Krieg, zog fünf Kinder groß. Ihr ganzer Lebenssinn bestand darin, für die eigene Familie Vorrat zu schaffen und immer genug zu essen zu haben. In ihrem Keller gab es sogar Gläser mit eingeweckten Pflaumen, die damals fast so alt wie ich waren. Als sie zu uns zog, nahm sie ihren ganzen Vorrat mit, nichts wurde entsorgt. Und so füllte sich unser Keller mit weiteren Einweckgläsern, wir schafften es nie, das Eingeweckte vom Vorjahr oder Vorvor-oder Vorvorvorjahr zu verbrauchen. Sie sah es nicht gerne, dass ich in den Garten ging und Bohnen zum frisch essen erntete. Und wenn, dann kontrollierte sie die Stauden, ob ich auch ja nicht zu sehr dran gezerrt hatte. Sie harkte die Gehsteige und sah sofort, wenn ich drin war. Eisern bewachte sie ihr Gemüse und Obst. Sie duldete nicht, dass ich etwas von den Früchten aus dem Garten verschenkte. Einmal erlaubte ich meiner Freundin, sich auf dem Hof ein paar Himbeeren zu pflücken für ihren gemischten Rumtopf. Die Himbeerhecke wuchs auf dem Hof und nicht im heiligen Garten. Da schickte meine Schwiegermutter sie wieder weg und sagte ihr, dass sie sich alleine Himbeeren anbauen soll. Das war mir unendlich peinlich und es gab Streit.

Als wir uns dann endlich eine Gefriertruhe anschafften, war das natürlich alles leichter. Oma sortierte alle guten und schönen Früchte aus und fror sie ein. Gegessen haben wir dann immer die Tüte tiefgefrorener Erdbeeren vom Jahr zuvor. Ganz selten gönnte sie uns die frischen Früchte, und wenn, dann nur die mit dem Knubbel, die nicht das Gütesiegel „Zum Einfrieren geeignet" erhielten.

Nein, ich halte heute kaum Vorrat. Meinem Mann macht die Gartenarbeit Spaß und er ist stolz, wenn er Bohnen und Erbsen, Kartoffeln und Erdbeeren ernten kann. Wir essen immer alles frisch auf oder verschenken etwas. Birnen und Kirschen zum Beispiel bleiben zum großen Teil ungeerntet. Die Enten und Gänse naschen davon. Und eingefroren wird nur das selbst geschlachtete Geflügel und Wild. Ich glaube auch nicht, dass sich das ändern wird.

Vorrat halte ich höchstens im Kleiderschrank. Da hängen nämlich Sachen, die mir zu eng geworden sind. Aber wenn ich dann doch mal dünner werde, dann bin ich schon mal vorbereitet und ich sage: „Ist doch schön, wenn man immer nur nehmen kann, wenn man es braucht."

Unsere Tiere   Jürgen

Ich gebe es zu, unser Hof ist nicht gerade das, was man gepflegt nennen würde. Viele Sträucher und Büsche, manchmal auch Brennnessel und Diestel wachsen gewollt oder ungewollt munter durcheinander. Ein Blick über den Gartenzaun zum Nachbarn zeigt mir, wie es auch anders geht. Auf exakt gemähtem Rasen wachsen akkurat beschnittene Obstbäume, die im Wurzelbereich liebevoll mit Mulch abgedeckt sind. Dies bringt oft Diskussionen mit meinem Eheweib. „Schau mal wie schön es nebenan ist. Und bei uns sieht es aus wie bei den…" Dann nennt sie ein ehemals sozialistisches Nachbarland. Es ist halt nur so eine Redewendung, die von der Kriegsgeneration übernommen wurde. Beleidigen will sie das ehemalige sozialistische Nachbarland mit Sicherheit nicht. Meine Antwort ist jedes Mal gleich: „Die haben es bestimmt viel schöner, aber bei uns ist dafür alles Bio." Ich weiß nicht genau, ob man Bio mit Faulheit übersetzen kann. Aber immer, wenn Samstagsvormittag nebenan der Rasentrecker läuft, sitze ich relaxt auf der Terrasse und freue mich über die rosa blühenden Disteln, die jetzt sowieso kein Rasenmäher mehr schaffen würde.

Viele Tiere leben hier. Dabei müssen wir zwischen den Nutztieren, also denen, die wir angeschafft haben, und anderen, die plötzlich einfach da sind, unterscheiden.

Zwei Jagdhunde, Hühner, Enten und Gänse leben als Nutztiere hier. Früher hatten wir auch immer ein oder zwei Katzen. Irgendwann musste ich erkennen, dass ein Deutsch-Drahthaar und Katzen dem stressfreien Familienleben nicht förderlich sind. Aber der Hund ist inzwischen 12 Jahre und irgendwann im Hundehimmel. Dann werden mit Sicherheit auch wieder Katzen hier wohnen.

Ich liebe Kater, vorzugsweise ganz schwarze, die haben etwas Mystisches. Wenn ich nochmal geboren werde, möchte ich Kater sein. Kein kastrierter, der in der Großstadt in einer Neubauwohnung lebt, nein einfach ein ganz normaler Dorfkater. Mal ist er da und mal eben nicht. Manchmal, wenn die Katzen ihn rufen, ist er auch schon mal zwei Wochen weg. Dann denkt man so: Überfahren, vom Jäger erschossen, vom Hund tot gebissen oder andere widrige Umstände? Aber plötzlich kratzt es an der Tür, und er ist wieder zu Hause. Wie selbstverständlich geht er an seinen Fressnapf, haut sich voll und rollt sich struppig, voller Flöhe und mit von der Konkurrenz unzählig zugefügten Wunden auf dem Sofa zwischen deinen Beinen ein. Schau so einem Kater in die Augen und du weißt, was glücklich sein heißt.

Eine Katze ist auch nicht schlecht, die fängt wenigstens Mäuse und ist außerdem sehr häuslich. Man muss nur rechtzeitig Abnehmer für die Jungtiere finden, was aber des Kindchenschemas wegen meistens nicht so schwer ist. Holen sich Leute, die an viel befahrenen Straßen wohnen, ein Kätzchen, ist die Wahrscheinlichkeit groß, dass sie im nächsten Jahr ein Neues brauchen. Oft nehmen sie dann auch zwei mit, der Sicherheit wegen. Übrigens, unsere letzte Katze wurde nicht vom Jagdhund in den Katzenhimmel geschickt. Nein die beiden haben sich mit der Zeit irgendwie arrangiert. War der Hund da, war die Katze weg und umgedreht war es ebenso. Ich dachte noch so: „Jetzt habe ich das Nirwana erfunden." Heidi wollte eines Morgens mit Oma zum Arzt in die Stadt fahren. Blöderweise sonnte sich die Katze vor dem Auto im Sand. PKW und die beiden nicht gerade unterernährten Damen beendeten mit einem Schlag ihre sieben Leben. Irgendwas ist doch immer!

li.: Jürgen mit seinem ersten Jagdhund „Dorne"   *re.: Der kleine Schafhirte*

Aber wir haben auch Tiere, die kommen und gehen, manche gut und andere böse. Ganz böse ist der Fuchs, der regelmäßig unsere Hühner ausdünnt. Vorzugsweise im Frühjahr, wenn er Junge hat. Listig wie ich bin, schütze ich mein Federvieh mit einem Elektrozaun. Funktioniert prima, doch Schnee und Frost lassen die Batterie im Winter irgendwie erlahmen. Außerdem wenn lang nichts passiert, ist meine Wachsamkeit eingeschläfert. Dann schlägt er unvermittelt zu. Viele meiner treuen Eierleger habe ich an ihn verloren. Nach jedem Angriff hoffe ich inständig, dass er die alten Hühner mitgenommen hat. Unsere Hühner sind so zwischen ein und acht Jahre alt. Ich weiß, ein richtiger Züchter haut sie spätestens nach drei Jahren in den Suppentopf. Aber viel ist da sowieso nicht dran, und außerdem gehören die auch irgendwie zur Familie. Bei Enten und Gänsen ist das anders. Die leben froh und zufrieden, bis das Weihnachtsfest uns scheidet. Meistens nimmt der Fuchs dann aber doch die jungen Hühner, die alten fliegen wahrscheinlich auf irgendwelche Bäume und sind unerreichbar. Unsere beiden scharfen Jagdhunde könnten dem roten Freibeuter ohne weiteres das letzte Halali bereiten, würden sie nicht in ihren Körben im Haus vom erfolgreichen Jagen träumen. Auch Habichte und Bussarde kommen manchmal, aber der Schaden ist nicht so hoch. Die greifen sich eins und sind zufrieden.

Produktionsberatung

Ein Haufen Vögel bevölkern das umliegende Areal. In der hohen Fichte brüten regelmäßig Ringel-und Türkentauben. Die große Weide wird von Elstern besetzt, die sich das Futter für ihre Jungen vom Hof zusammenklauen. Ein Heer von Spatzen frisst sich regelmäßig am Starterfutter von Enten und Gänsen satt. Irgendwo habe ich gelesen, dass der Sperling mittlerweile eine bedrohte Art ist.

Liebe Naturschützer, ich könnte Euch auf Anhieb zweihundert mit Geflügelfutter gemästete Spatzen anbieten, um den gefährdeten Bestand anderswo wieder aufzustocken.

Auf den Feldsteinen, die unsere Hofterrasse umsäumen, liegen im Sommer manchmal Ringelnattern, die sich in der Sonne wärmen. Ich mag keine Schlangen, und wenn ich sie verjage, dann verziehen sie sich widerwillig in irgendwelche Hohlräume. Haben wie Gäste beim Grillen oder zum Kaffee trinken, sag ich niemals, guck mal, da ist vor 10 Minuten eine Schlange rein gekrochen. Wespen und Hornissen sind jedes Jahr irgendwie anwesend. In irgendwelchen Nistkästen, Hohlräumen unter dem Dach oder in den alten Weinreben.

Wespen sind unangenehm, aggressiv und verfressen. Ich denke bei Hornissen ist es anders, die sind irgendwie intelligent. Tust du mir nichts, tu ich dir nichts. Niemals hatten wir Probleme im unmittelbaren Umgang. Vor Jahren hatten wir ein Nest in unserer Jagdhütte. Das Einflugloch zum Nest befand sich ungefähr so 50 cm von meinem Stammplatz. Ich konnte da sitzen, rauchen, Bier trinken und essen. Glauben sie mir, bei Hornissen muss nicht gleich der Schädlingsbekämpfer kommen.

Ein Highlight auf unserem Hof sind die Siebenschläfer. Die wohnen irgendwo im Haus auf dem Dachboden. Keiner weiß genau wo, aber sie sind da. Sie machen Lärm, aber nur im Sommer. Wenn wir abends auf der Terrasse sitzen, kommt manchmal einer und schaut neugierig, was so geht. Der sitzt wie angeklebt an der Wand und glotzt blöd in die Runde. Hübsche Tiere, große Augen, graues Fell und ein Schwanz wie beim Eichhörnchen. Manchmal füttere ich die auf der Terrasse. Am liebsten fressen sie Schokolade, Nutella und Waffeln, aber nur mit Schoko.

Vor kurzem habe ich mal einen gefangen, Lebendfalle natürlich. Der wartete unbeeindruckt in seinem Käfig, bis ich ihn in die Freiheit entließ. Jetzt saß er blöd auf dem Tisch, sprang von Stuhl zu Stuhl, ging zurück auf den Tisch und nahm das letzte Stück Schokowaffel mit. Ich glaube, der ist hier zu Hause.

Mein Vater hat ein Schwein geschlachtet   Heidi

Kennen Sie noch das Spiel: Mein Vater hat ein Schwein geschlachtet, was willst du davon haben? Man denkt sich ein Teil vom Schwein aus, zum Beispiel Schweineohr, und muss die Fragen des Fragers dann immer mit „Schweineohr" beantworten ohne zu lachen. „Wie heißt deine Lehrerin?" oder: „Womit putzt du dir immer morgens die Zähne?" Antwort: „Schweineohr!". Bleibt der Befragte standhaft und lacht nicht, kommt am Ende die Kitzelmaschine. Dieses Spiel wird wohl kaum mehr gespielt, es gibt ja auch kaum noch Väter, die Schweine selbst schlachten.

Mein Vater war Hausschlachter und hat in den Wintermonaten täglich die Schweine der Bauern in der Umgebung zu Wurst veredelt. Er fuhr zu den Höfen und nahm die Schlachtung vor. Aber das meiste Borstenvieh wurde bei uns geschlachtet. Wir hatten auf dem Hof ein großes Schlachthaus, weiß gefliest. Die Schweine wurden mit einem Pferdeanhänger geholt oder gebracht. Wenn Schnee lag, mit einem Transportkasten auf Kufen, den unser Pferd zog. Frühmorgens um sechs quiekte das erste Schwein um sein Leben. Ich hielt mir die Bettdecke fest an die Ohren. Nach einem Moment war es still.

Aus dem Fenster des Schlachthauses dampfte das heiße Wasser, in dem das erlöste Tier abgebrüht wurde. Mit einer Metallglocke schabte man die Borsten ab. Dann wurde es in zwei große Hälfte zerlegt. Alles per Muskelkraft mit geübten Hieben mittels eines Fleischbeils. Seilwinden bewegten die Fleischmassen auf den Haken. Dort hingen sie so lange, bis sie auskühlten und der Tierarzt die Fleischbeschau vornehmen konnte. Mit einem großen lila Stempel auf den Keulen der Sau besiegelte er die Güte und somit den bedenkenlosen Verzehr des Fleisches. Die Schweinebesitzer waren immer höchstpersönlich beim Schlachten ihres Zöglings dabei und gingen zur Hand. Das vorher noch wabbelige Fleisch der Borstentiere war am Tag nach der Schlachtung gut ausgekühlt und fest, so dass man es gut in Bratenstücke, Schinken, Speckstreifen und Koteletts zerlegen konnte. Übriges kam in die Wurst.

Wenn unsere eigenen Schweine zur Schlachtung anstanden, half die ganze

Familie. Als junges Mädchen musste auch ich mithelfen. Ich habe mich nie um diese Arbeit gerissen. Handlanger sein beim Wurst machen mit meinem Vater, da durfte man nicht zimperlich sein. Besonders wenn er mit seinen großen Händen die Blutwurst mengte und die rohe blutige Masse mit den Fingern probierte. Er sagte: „Hier Heidi, schmeck ma aff." Nein danke. Ich habe auf Anordnung die Zutaten gereicht. Die Wurstmasse von Leber-und Mettwurst habe ich dagegen gern kostet. Einmal sollte ich etwas Zucker in das Gemengte tun. Mir fiel die Tüte aus den Händen und ich verschüttete viel zu viel Zucker. Der Vater schrie mich an. Aber am Ende schmeckte die Leberwurst trotzdem gut. Von dieser Zuckerwurst wurde noch lange erzählt. In die Mettwurstmasse wurde immer ein Schwung Kognak gegossen, allerdings nicht, bevor jeder einen großen Schluck aus der Buddel getrunken hatte. Am meisten machte das Drehen an der Wurstmaschine Spaß wenn ich sah, wie akkurat eine Wurst nach der anderen aus der Tülle in den Naturdarm flutschte und sie dann sorgfältig in Reih und Glied und an der Stange hingen.

Ein weniger schöner Anblick war es, wenn der Vater die ausgewaschene klietschige Schweineblase mit dem Mund aufpustete. Dieser Ballon wurde zum Trocknen an den Kachelofen in die Stube gehängt. Solange ich denken kann, hingen immer Schweineblasen am Stubenofen. Sie brauchte man für Presskopf.

Am Schlachttag gab es am Abend frisches Gehacktes aufs Brot, dazu viel Zwiebel. Das war ein Genuss. Etwas makaber sah es aus, wenn die Mutter in der Pfanne den Brägen, das Hirn vom Schwein, zubereitete. Mit Zwiebel und einem Ei hat es gut geschmeckt. Ich habe es seither niemals wieder gegessen, weil es unbedingt ganz frisch sein muss.

Und noch etwas vermisse ich seit meiner Kinderzeit, Blaut und Grütt. In einem großen Kessel kochte meine Mutter auf dem mit Holz beheizten Küchenofen herzhafte Schweinegrütze mit Perlgraupen. In einer großen Pfanne briet sie die rote Blutmasse mit Mehl, Zucker, Zitronensaft, etwas Zimt und vor allem mit Rosinen. Beides wurde zusammen mit trockenem Mischbrot gegessen. Es war ein herrliches Essen, wenn auch sehr fett. Blaut und Grütt wurde immer in weißen Emailleschüsseln aufbewahrt, bis alles aufgegessen war. Stundenlang half ich meiner Mutter beim Einwecken von Leberwurst und Sauerfleisch. Etliche Einweckgläser mussten vorher heiß gespült werden und auf Leinentüchern abtropfen. Die Einweckringe wurden abgekocht. Höchste Sauberkeit, damit später kein Glas aufging und die Wurst verdarb. Rohes Fleisch wurde in einem Holzbottich mit ganz viel Salz gepökelt und haltbar gemacht. Vor dem Zubereiten des Bratens musste dieses Fleisch lange gewässert werden. Am feinsten schmeckte davon Mutters Rippenbraten, den sie mit Backpflaumen und gebröseltem Schwarzbrot mit Zucker füllte und im Herd schmorte. Heute ist es das Lieblingsgericht meiner eigenen Familie. Ich habe viel von meiner Mutter gelernt. Mit elf Jahren konnte ich schon einen großen Schweinebraten mit Kruste zubereiten.

Die geräucherten Mettwürste und der Schinken hingen bei uns auf dem Hausboden, der den ganzen Winter danach duftete. Wurde es wärmer, wickelte meine Mutter diese Räuchereien in ein selbstgenähtes Leinensäckchen. Fest zugeschnürt kam es in den Kachelofen der guten Stube, der jetzt nicht beheizt wurde. Wurst und Schinken waren so vor Fliegen und Brummern geschützt. Wir hatten also das ganze Jahr genügend Hausgeschlachtetes zu essen. Und dass ich niemals Hunger leiden musste, sieht man mir ja immer noch an.

So wie früher, ist frisches Mischbrot mit Kopperschmidtscher Mettwurst und Leberwurst immer noch ein Hochgenuss, das sind Erinnerungen pur, an Zufriedenheit und Geborgenheit. Mein Bruder Klaus ist der neue Schlachtermeister und macht die Wurst, wie in meinen Kindertagen. Wenn ich heute nach einem Besuch aus Dargun wieder heimfahre, dann hat die Wurst nur noch ein Ende. Versuchen Sie mal, mit dem verführerischen Räucher-Duft in der Nase eine Stunde im Auto zu fahren, ohne zu widerstehen.

Mein Vater hat ein Schwein geschlachtet, was willst du davon haben? Mettwurst!

Die Milchkanne

Jürgen

Es ist wohl der Traum eines Jeden, reich zu werden ohne viel dafür tun zu müssen. Für die meisten, so ungefähr 99,9 % bleibt es ein Traum. Auch ich zähle zu dieser knappen Mehrheit. Viele Wege gibt es ja auch nicht, um die große Kohle zu machen. Um es vorweg zu nehmen, mit Arbeit funktioniert es nicht! Aber wie dann? Lotto spielen? Die Chance auf einen Volltreffer stehen bei 1:139 838 160. Da ist die Wahrscheinlichkeit, vom Blitz auf dem Klo erschlagen zu werden, doch viel größer. Oder Fußballprofi? Der FC Bayern hat mich noch nicht entdeckt, und Dortmund will mich nicht, weil ich als Zuschauer mal auf Schalke war. Erbschaft? Fällt auch aus. Meine Ahnen waren leider nicht vermögend. Von meiner Mutter habe ich so ungefähr 200 Gläser eingewecktes Obst bekommen und von meiner Schwiegermutter eine antike Brotschneidemaschine. Jetzt bleibt nur noch Vorstandschef bei der Deutschen Bahn, VW oder einer Bank. Dafür bin ich zu blöd. Oder Bankraub? Dafür bin ich zu feige.

Trotzdem war ich einmal ganz dicht dran, der Armut zu entfliehen. Der Vorbesitzer unseres Hauses hatte sein Leben lang immer eine gut bezahlte Arbeit und dem entsprechend auch eine gute Rente. Sein, und das Leben seiner Frau, waren sehr spartanisch. Was sie brauchten, lieferte der Hof. Niemals gönnten sich die Leute auch nur den kleinsten Luxus. Nur das Nötigste wurde im Dorfkonsum gekauft. Also mal ein Kilo Zucker für 1,55 Mark, Ata für 11 Pfennig und wenn es nicht anders ging, auch mal ein paar Kerzen, um Strom zu sparen. Da braucht man kein Mathematiker zu sein, um sich vorstellen zu können, dass recht viel Bares unter dem Kopfkissen liegen müsste. Zur Bank wurde das Geld mit Sicherheit nicht gebracht. Kostet ja Gebühren.

Als die Leute alt wurden, verstarb irgendwann die Frau. Spätestens jetzt hätte der Opa merken müssen, dass das letzte Hemd keine Taschen hat, wie man immer so schön sagt. Ich an seiner Stelle wüsste, was nun zu tun wäre. Aber meine Gedanken sind jetzt unrelevant. Nein, er lebte genau so weiter wie bisher. Nur erzählte er manchmal den Nachbarn, den Leuten im Dorf oder jedem, der es hören wollte: Mein Geld kriegt keiner! Das ist in einer Milchkanne, mit dabei auch Silber und andere wertvolle Sachen, und die sind gut versteckt. Den Ort verriet er aber nie, so senil war er nun auch noch nicht.

Als wir dieses Haus nun kauften, begann eine schwere Zeit. Wo auch immer wir waren, kam die gleiche Frage: Na, Milchkanne schon gefunden? Und ich gestehe, ja, ich habe das Ding gesucht. Versuchte mir vorzustellen, wo ich einen Schatz versteckt hätte. Aber der alte Mann war clever.

Dann, nach zwei Jahren, passierte es. Im Keller, der viele Jahre Lagerplatz für Rüben, Kartoffel und Möhren war, hatte sich unendlich viel Erde angesammelt. Ich meinte, es wäre an der Zeit, diese mal raus zu schaufeln. Plötzlich kratzte die Schaufel auf etwas Hartem. Nach intensiver Kleinarbeit legte ich den Rand einer Milchkanne frei. Es war sogar noch der Henkel dran.

Jetzt begannen die Gedanken zu rasen. Der Durchmesser war groß, also eine 20 Liter Kanne. Was mochte da nur drin sein? Warum hatte ich hier niemals gesucht? Es ist doch naheliegend, einen Schatz im Keller zu verstecken! Aufgeregt und voller Tatendrang versuchte ich das Objekt aus dem Boden zu reißen. Es bewegte sich nicht einen Millimeter. Eine alte Eisenstange, die als Hebel diente, brachte nur den Erfolg, dass der Henkel abriss. Handarbeit war nun angesagt. In der Kanne befanden sich faustgroße Steine, die vom umliegenden Erdreich wie eingemauert waren. Mit blutenden Händen und abgerissenen Fingernägeln versuchte ich den Schatz zu erreichen. Ich fühlte mich wie Heinrich Schliemann, der gerade Troja entdeckt hat. Stein für Stein kratzte ich mich in das Innerste. Nach gefühlten zwei Stunden hatte ich den Boden erreicht. Kein Geld, kein Silber, nein nicht einmal ein Boden. Als nämlich der Grund der Kanne erreicht war, stieß ich in weichen Kies.

Jetzt wusste ich, es handelte sich um einen Sickerschacht, der etwaigem Wasser den Weg in die Tiefe ebnen sollte. Zutiefst enttäuscht, mit blutenden Händen, unendlich traurig, beendete ich meine Arbeit.

Aber! Kurzzeitig hatte ich mal das Gefühl zu den 0,01 Prozent zu gehören.

Der Terminator　　　　　　　　　　　　　　　　　　　Heidi

„Wenn ich mal ein Haus habe, dann wohnt unsere Mutter bei uns. Das bin ich ihr schuldig", sagte mein Mann, als wir gerade zusammen gekommen waren. Damals hoffte ich, dass es nie in unseren Möglichkeiten stehen würde, uns ein Haus zu leisten.

Aber wir haben uns dann mit 21 Jahren ein altes Haus gekauft und umgebaut… und - ja - die Mutter zog sofort mit ein. Über die Mutlosigkeit, meinem Mann damals zu widersprechen, könnte ich jetzt unendlich viele Geschichten erzählen oder aufschreiben. Aber das wäre dann ein eigenes Buch.

Meine Schwiegermutter zog im Winter 1985 zu uns, in unser Haus. Sie freute sich hier auf ihre neue hübsche Wohnung und auf den Garten am Haus. Sie wohnte bis dahin im Gutshaus in Wietow zur Miete, und ihr Garten war 10 Minuten Fußweg entfernt. Diesen Garten hatte sie seit 20 Jahren bewirtschaftet. Sie war eine begeisterte Gärtnerin, hatte die schönsten Blumen und viele Sorten Obst und Gemüse. Unser Hausumbau dauerte damals 2 Jahre, bevor wie einziehen konnten. Während dieser Zeit hatte sie schon tüchtig ihre eigenen Pflanzen von Blumen und Sträuchern nach und nach in unseren Garten umgepflanzt. Unser Garten war also schon angelegt, noch bevor wir im Haus wohnten. Es fiel ihr ein wenig schwer, ihren eigenen Garten aufzugeben. Der Nachmieter der alten Wohnung war ein junger Mann, der nun auch ihren Garten bekommen sollte. Oma vereinbarte mit ihm per Handschlag, dass sie im Umzugsjahr noch einmal ein paar Früchte von ihren Bäumen und Büschen ernten dürfte. Auch die selbstgezogenen Buchsbaumpflänzchen sollten noch umgesetzt werden. Der Herbst kam, und Jürgen fuhr mit seiner Mutter nochmal in ihren alten Garten nach Wietow. Bewaffnet mit Körben für die Früchte und mit Kisten für die etwa 300 Buchsbaumpflänzchen.

Doch sie kehrten mit leeren Behältern wieder heim. Oma heulte, und Jürgen war wutentbrannt. Was war passiert? Der junge Nachmieter und neue Nutzer des Gartens wusste nichts mehr von Absprachen. Er ließ die Oma nicht mehr in „seinen" „ihren" Garten und verweigerte den Zutritt.

Der Buchsbaum, damals eine heiß begehrte Ware, war bereits in Bares umgesetzt. Meine Schwiegermutter schimpfte und fluchte. Wenn sie eins am meisten hasste, dann, wenn jemand sein Wort nicht hielt. Da kannte sie kein Erbarmen.

Mein Mann befahl mir: „Zieh dich an und komm mit!" Was hatte er vor? Ich wagte nicht weiter zu fragen, ahnte aber Schlimmes. Ich redet auf ihn ein: „Mach jetzt keinen Quatsch! Du wirst ihn nicht verprügeln! Ich warne dich, sowas mach ich nicht mit!" Jürgen schwieg, sagte kein Wort und raste wie verrückt mit dem Trabi über die Landstraße.

Gott sei Dank war der Übeltäter nicht vor Ort. Wir stiegen aus dem Auto, und mein Gatte holte aus dem Kofferraum seine Motorsäge Marke „Partner" heraus. Er ging zum Gartentor, schlug das Schloss auf und startete die Kettensäge. Gab nochmal richtig Gas, und dann sägte er Stück für Stück jeden Baum, jeden Busch und jeden Strauch um, den Oma Martha selbst gepflanzt hatte. Die alten Bäume, die schon vor ihrer Zeit da waren, hatten Bestandsschutz. Diese Bäume waren der Willkür nicht ausgesetzt. Ich stand mit blassem Gesicht und weichen Knien am Gartentor wie versteinert und musste mit ansehen, wie in wenigen Minuten ein großes Schlachtfeld entstand. Ich brüllte: „Hör auf. Du bist ja wahnsinnig!" Ja ich erkannte meinen Mann, der ein Naturfreund vor dem Herrn ist, nicht wieder. Schwarzenegger ist ein Amateur dagegen. Dieser wütende Kerl vor mir war der echte Terminator. Immer wieder gab er Gas und schwenkte die Motorsäge. Ohrenbetäubend sägte und krachte es. Die Bäume fielen allesamt kreuz und quer auf Beete und Rabatten, brachen dabei die letzten Blumen ab. Leute aus dem Dorf kamen dazu, gafften und waren sprachlos, was hier geschah. Sie kannten Marthas Sohn immer als friedlichen und hilfsbereiten Jungen im Dorf.

Als der letzte Apfelbaum umfiel, stand nun auch der Nachnutzer am Zaun und traute seinen Augen nicht. „Ich hol die Polizei", schrie er. Aber das einzige Telefon im Dorf war bei Frau Schmidt, eine ehemalige Nachbarin von Oma, die auch im Gutshaus wohnte. Die war angeblich nicht zu Hause. Nun verstummte die Motorsäge. Jürgen ging auf den Rivalen zu und sagte nur: „So, jetzt kannst den Garten haben!" Er schmiss die Säge ins Auto, stieg ein und ich sah zu, dass ich ebenso fix einstieg. Wortlos sausten wir ab. Ich hatte Angst vor den Folgen dieser Selbstjustiz. Aber diese blieben gottseidank aus. Kann man sich so einen Vandalismus im Kleingarten heute noch ungestraft vorstellen?

Zu Haus empfing uns die Oma mit einem strahlenden Gesicht: „Das hast du gut gemacht mein Söhnchen!" Sie hatte ihre Genugtuung. Ging in den Garten und setzte neue Stecklinge für eine Buchsbaumhecke.

Ansonsten fand Jürgen Bäume schon immer toll.

Sammler und Erntehelfer Jürgen

Wer als Ossi seine Kindheit auf dem Land verbracht hat, weiß wovon ich rede. Dies soll mal ein Versuch sein, alte Gedanken, die so lange zurückliegen, aber irgendwie prägend waren, noch einmal aufzuwärmen.

Angefangen hat es schon als Jungpionier mit Altstoffe sammeln. Flaschen, Gläser, Papier (gebündelt) und Lumpen, alles wurde gebraucht. Abgegeben an der Sammelstelle, brachten sie ein paar Mark oder manchmal auch nur Pfennige, um das Privatsalär oder die Klassenkasse aufzubessern. Also zogen wir mit einem kleinen Ziehwagen von Haus zu Haus und bequatschten die Leute, doch irgendwas rauszurücken. Das war oft gar nicht so einfach. Zeitungen gab es nur eine, Flaschen und Gläser wurden für Saft und zum Einwecken gebraucht. Trotzdem hatten wir dann immer irgendetwas auf dem Wagen, was verhökert werden konnte. Kein Vergleich zu heute, wo uns die Post (wenn nicht gerade gestreikt wird) unzählige Werbungen und Kataloge bringt, die sich dann, meistens ungelesen, neben vollen Papiercontainern stapeln. Mein Ehrgeiz von damals und das Angebot von heute hätten mich zwölfmal im Jahr zum Altstoffsammler des Monats gemacht.

Eine gute Einnahmequelle war auch das Kartoffeln sammeln. Diese lagen aufgepflügt in den Reihen auf dem Acker und warteten darauf, gesammelt zu werden. Sie wurden dann auf dem bereit stehenden Pferdehänger zum Abtransport geladen. Die Produktionslinie war jahrelang erprobt und immer gleich. Die Jüngeren und Schwächeren waren die Sammler und die Älteren und Stärkeren die Ausschütter. Also hatte der Sammler seinen Korb voll, brüllte er ganz laut: Kiepe! Dann kam der Ausschütter, brachte einen neuen Korb, in dem sich eine kleine Alumarke befand, nahm den vollen und schleppte ihn zum Wagen. Die Marken, von uns im Werkunterricht selbst hergestellt, in der Mitte mit einem kleinen Loch versehen, waren wichtig. Für jeden Aluchip bekamen wir bei der Abrechnung 10 Pfennig. Ausschütter bekamen Festgehalt, je nach Aufwand 6, 7 oder sogar 8 Mark für einen Nachmittag. Die Löcher in den Marken mussten sein, um diese auf ein Stück Draht mit Haken auffädeln zu können. So lernten wir im

Werkunterricht das Bohren. War der Ausschütter ein größerer Bruder, Freund oder kam zumindest aus dem gleichen Dorf, bekam man manchmal auch zwei Marken für einen Korb. Waren genug Marken vorhanden, so wurden auserwählten Sammlern auch schon mal 10 Chips zugesteckt. Nach der Abrechnung wurde geteilt und das Geld heimlich an einem stillen Ort übergeben. Es liegt in der Natur des Menschen, wer an der Macht ist, bereichert sich irgendwie zwangsläufig. Das sieht man an Politikern, Funktionären bei der FIFA oder verschiedenen Vorstandsmitgliedern in großen Konzernen. Da kann man einfach nichts dafür. In diesem Fall waren die Mächtigen die Ausschütter.

Klassenfahrt; wir wollten zwei Wochen nach Krakow am See ins Zeltlager. Bei einigen Frühreifen war die Pubertät bereits ausgebrochen, und nichts eignete sich besser, als in dunklen Nächten am Lagerfeuer das andere Geschlecht zu ergründen. Außerdem waren auch fremde Schulen dabei. Also Frischfleisch praktisch. Um die Klassenkasse dafür aufzustocken meinten wir, Rüben hacken wäre gut. Die LPG vergab damals hektarweise Rüben zur Pflege, Einzelkorn war noch nicht und die chemische Keule versagte, zumindest bei Rüben. Also Handarbeit! Während wir Blöden in sengender Hitze die endlos langen Reihen des Rübenackers bewirtschafteten, sahen wir Schüler anderer Klassen, die fröhlich winkend mit dem Rad zum Baden vorbei fuhren. Schuldzuweisungen, wer beim letzten FDJ-Nachmittag die größte Schnauze hatte, halfen jetzt auch nicht weiter. Keiner, der mit ins Ferienlager wollte, und alle wollten mit, verlässt den Acker, bevor der letzte Meldehalm umgehackt ist. Nach den Arbeiten erfolgte natürlich eine Abnahme, und Kohle gab es nur, wenn der Acker einigermaßen steril aussah.

Mit 14 machte ich meinen Mopedführerschein, hatte zwar keins, aber sicher ist sicher. Ich glaube, es war Anfang der 9. Klasse, da kamen Leute in die Schule und suchten Schüler, die die Fahrerlaubnis für Traktor machen wollten. Mit diesem Schein konnte man dann auch Moped fahren. Wer zu früh kommt, den bestraft manchmal auch das Leben. Man versprach uns, dass wir dann in den Ferien bei der Strohernte oder woanders für gutes Geld in der LPG arbeiten konnten. Blöd war nur, dass Fahrschule immer abends und am Sonnabend war, und nicht viele darauf Bock hatten. Ich hatte Bock und war wohl auch nicht ganz blöd. Zusätzlich durfte ich die Berechtigung für den Mähdrescher machen. Wenn man sich das heut überlegt, ist es schon ein Wahnsinn. Mit diesem Schein durfte man mit 15 Jahren Trecker und Mähdrescher auf dem Acker fahren. Mit 16 auf der Straße, überall wo man wollte oder wo man vom Brigadier hingeschickt wurde. Ich hatte den Zenit meines Lebens erreicht. Jetzt war ich Erntekapitän, wie es in der sozialistischen Presse immer so schön hieß. In den Ferien und später als Lehrling verbrachte ich die Sommer auf dem Mähdrescher. Erst „E512" und später „E516", die hatten schon eine Kabine. Meistens waren wir Jugendbrigaden, wobei die älteren Fahrer jenseits der 50 waren. Irgendwer musste ja Ahnung haben, und wer sagt, dass man mit 55 nicht mehr jugendlich sein kann.

Zu Beginn meiner Karriere war ich Springer. Das hieß, man wartete im Wohnwagen, bis irgendjemand von den Fahrern meinte, eine Pause haben zu müssen. Sei es um Mittag zu essen, mal ne halbe Stunde zu schlafen oder mit einer Verlustmesserin, meist junge Studentinnen aus irgendwelchen Hochschulen, Gespräche oder anderes durchführen zu müssen. Verlustprüfer waren wichtig. Elektronik, die den Ernteverlust analysieren, gab es noch nicht. Die legten nun einfach ein Brett unter den fahrenden Mähdrescherarsch und konnten nach Auszählung der Körner sagen, ob Siebe getauscht werden müssen, mehr Wind gegeben werden musste oder alles ok war.

Ein Bandscheibenvorfall eines älteren Jugendbrigademitglieds ermöglichte mir plötzlich den Aufstieg zum Stammfahrer. Ein Mähdrescher ganz für mich alleine, wow! Jetzt war ich in der Hierarchie aufgestiegen und konnte bestimmen, wann und vor allem welcher Springer mein Gefährt lenken durfte. Stammfahrer hat schon was, in der nächsten Saison brauchte man sich nicht hochzudienen. Selbst als ich ausgelernt hatte und schon in der Forst arbeitete, hat es mich im Urlaub auf den Acker gezogen. Die Frauen in der LPG Küche machten Brote, es gab genug zu trinken und dreimal die Woche kam der Bananendampfer. Der Bananendampfer war ein Transporter mit allerlei Zeug, was es nicht immer und überall gab. Manchmal waren tatsächlich Bananen dabei, und wenn ich die abends mit nach Hause brachte, sagte meine Mutter: „Sohn, du hast es geschafft!" Ja, ich muss schon sagen, die Zeit als Erntekapitän hat mich geprägt. Schlagartig hat sich mir eröffnet, wie Sozialismus funktioniert.

Hier einige Beispiele, wobei ich hoffe, dass die Taten verjährt sind. Alles verjährt irgendwann, außer Mord. Also gemordet haben wir nie. Es gab ungeheuer viele Privatleute, die sich nebenbei noch ein paar Schweine oder Bullen hielten. Meist hatten sie auch ein bisschen Land, zwei oder drei Morgen, wo angebaut wurde, was auch die LPG anbaute. War es Weizen, dann war es Weizen, war es Gerste, dann Gerste, bei Roggen, Roggen und so weiter und so weiter. Das hatte den Vorteil, wenn die Erntekapitäne kamen, so wie zum Beispiel ich, ihr Acker gleich mit geerntet wurde. Dann fuhren wir also mit dreiviertel gefülltem Bunker auf den Privatacker und ernteten die oft spärlich stehenden Halme ab. Anschließend wurde der Mähdrescher auf bereitgestellte Wagen entleert. Der Privatbauer meinte dann: „Oh, das hat aber geschüttet!" und gab dann zwei oder drei Flaschen geistiger Getränke an die Kollegen für das anstehende Erntefest mit. Wenn in der EU jemals halb so hohe Erträge erzielt würden, müsste kein Mensch auf dieser Welt mehr hungern.

Wir ernteten Weizen. Weizen und Raps ging lange. Wenn es trocken war, liefen die Kisten manchmal in der Nacht bis ein oder zwei Uhr. Bei Gerste war das anders. Viel Kraut und Feuchtigkeit verursachten manchmal einen Trommelfresser. Für die Unwissenden: Ein Trommelfresser ist, wenn sich nasses Getreide oder Unkraut um die Schnecke und um die Dreschtrommel wickelt. Dann ist alles dicht. Die Keilriemen fangen an zu rauchen, und wenn man dann nicht rechtzeitig stoppt, kann die ganze Kiste abbrennen. So einen Trommelfresser zu beseitigen war Strafarbeit. Man musste mit einem Taschenmesser in den Bauch der Maschine krabbeln und alles stückweise herausschneiden. Davor durfte man nicht vergessen Zünd-und Hauptschlüssel abzuziehen, um einen etwaigen fahrgeilen Springer davon abzuhalten, den Mähdrescher zu starten.

Aber wir droschen Weizen, es war trocken und es wurde lange. Also bestellte ich meinen Kaninchenzüchterfreund Lothar nachts um ein Uhr auf den Acker. Kaninchen fressen zwar keinen Weizen, aber zum Tauschen ging das schon. Der hatte einen alten fünfhunderter Trabant, einen Kugelporsche, wie er im Volksmund heißt. Zwischen Kofferraum und Rücksitz war keine Trennwand, also ganz schöner Stauraum.

Folgenden Plan hatten wir erdacht: Rücksitz raus, stattdessen Lothar dorthin, von wo aus er das einlaufende Getreide ins Innere des Fahrzeugs kratzte. Mit vollem Bunker, so etwa eine Tonne, fuhr ich jetzt zum Zielpunkt. Der Abbunkerschnorchel vom Mähdrescher reichte so ungefähr vier Meter in die Ferne. Da muss man schon mal die Kofferklappe vom Trabant genau treffen, auch wenn es dunkel ist. So richtig sah ich nicht mal das Auto. Aber der Plan war gut. Also befahl ich meinem Mähdrescher mit einem Hebel links vom Sitz „abbunkern". Blöd war nur, wenn ich sagte „abbunkern" hat er das auch gemacht, und zwar solange, bis er leer war. Kacke, Trabant voll, aber nebenbei unzählige Zentner Weizen, die blöd in der Landschaft herum lagen. Sähe das am nächsten Morgen der Brigadier, kämen Fragen auf.

Aber ich war nicht der einzige Kaninchenzüchterfreund von Lothar, und durch eine gemeinsame Nachtschicht war morgens nur noch steriler Acker. Wie gut, dass es Kaninchenzüchter gibt. Damals sagten die Alten zu uns: „Ihr wisst ja gar nicht, was Arbeit heißt!" Genau das sage ich heute auch zu meinen Kindern. Manche Sachen ändern sich nie!

Aber eins weiß ich, ich bin mit hoher Wahrscheinlichkeit der einzige Mensch auf dieser Welt, der jemals einen E516 in einen Trabant 500 abgebunkert hat.

Aus Jürgen's Raketenheft in der 1. Klasse.

Von kleinen und großen Pferden   Heidi

Obwohl ich mit Pferden groß geworden bin, habe ich nie reiten gelernt und ehrlich gesagt, auch ungeheuren Respekt, um nicht zu sagen, Schiss vor Pferden. Besonders vor den sehr großen. Entweder man stellt sich selbst dieser Aufgabe mit den Pferden umzugehen, so wie meine Brüder, oder man lernt es nie. Leider hab ich noch nie die Welt von oben auf dem Rücken eines Pferdes betrachtet. Aber von oben auf dem Kutschbock, in sicherer Distanz! Ich war das Nesthäkchen in der Familie. Die Sache mit den Pferden blieb immer Männersache. Als kleines Kind kann ich mich an sehr große Pferde auf dem Hof erinnern, ein Mischung aus Kalt-und Warmblut, an Lisa und Max, aber auch an Jonny, das Reitpferd von Walter, meinem ältesten Bruder. Oder Pedro, das Lieblingspferd vom jüngsten Bruder Klaus. Die Pferde zogen den Pflug auf dem Feld, den Grasschneider, den Grubber, die Eggen, den Wagen auf dem vieles transportiert wurde, Heu, Stroh, Futter, Kartoffeln, Kohlen, Holz und überhaupt alles Nötige. An ihrem Pferdegeschirr haftete immer ein kleines Emailleschild mit unserem Namen, ebenso wie auch an jedem Pferdewagen. Das Leben und die Arbeiten auf dem Hof waren immer mit diesen stattlichen Tieren verbunden. Sie waren der Stolz der Familie. Schon der Großvater hatte viele Pferde. Das Geschirr wurde immer gepflegt, die Wagen und Kutschen befanden sich stets in tadellosen Zustand. 1968 kam es zum Wechsel der Genossenschaft von LPG Typ I in LPG Typ III. Alles Nutzvieh musste in die Genossenschaft gegeben werden, keiner sollte welches auf dem Hof behalten. Meine Mutter weinte bitterlich, als ihre Kühe aus dem Stall geholt und verladen wurden. Auch die Pferde mussten abgeschafft werden. In der LPG fuhren nun Traktoren. Obwohl man Pferde deshalb eigentlich in der LPG nicht brauchte, sollten sie weg. Sie wurden verkauft, vielleicht auch an den Pferdeschlachter, so genau kann oder will mir das heute keiner mehr erklären. Wie so viele Bauern hatten meine Eltern keine andere Wahl und beugten sich den Vorgaben der Genossenschaft. Aber ein Leben ohne Pferde?

Onkel Willi, ein Freund unserer Familie, war gehbehindert und ein großer Pferdeliebhaber. Seine Familie erlitt, so hat man es mir erzählt, nach dem

Krieg eine schwere Krankheit, weil sie aus gepanschtem Speiseöl, woher das auch immer stammte, Essen zubereitete. Danach sollen sich die Beine so schlimm verkrüppelt haben, dass das Laufen zu Qual wurde. Onkel Willi lebte mit den alten Eltern und mit seinem Bruder Fritz in einem Haus in der Jahnstraße. Fritz, von seiner Mutter immer liebevoll Fritzing genannt, war sehr belesen, weltoffen. Seine Erfüllung fand er in seiner Arbeit im Rathaus. Jeden Tag fuhr er mit einem per Hand gesteuerten Rollstuhl zur Arbeit. Onkel Willi versorgte die Eltern, indem er kochte und den Haushalt erledigte so gut es ging. Er war früher Müller. Durch seine Behinderung konnte er zwar schlecht mit Pferden hantieren, aber Onkel Willi hatte Geld und Lust es für Pferde auszugeben. So entstand der Deal, dass er Pferde, die nicht so groß waren, auf seinen Namen kaufte und sie auf unserem Hof deponierte. In seinem Stall wohnte nun auch ein kleines Pony. Pit, so hieß es, war nicht mal ein Meter groß und genoss die Freiheit jeden Tag auf der großen Apfelbaumwiese, die hinter dem Haus war, um zu weiden. Diese Pferdefreundschaft mit Onkel Willi prägte unser ganzes Leben. Er half uns, den Hof wieder mit Pferden zu beleben. Meine Eltern halfen im Gegenzug der kranken Familie in ihrer schweren Lebenssituation. Mutter machte sauber und wusch die gesamte Wäsche, der Vater und meine Brüder halfen in der kleinen Wirtschaft auf dem Hof und sorgten für Futter für Pit, das Einmeterpony. Die Einkäufe erledigte ich nach der Schule. Jeden Abend fuhr mein Vater mit dem Fahrrad zu Onkel Willi und unterhielt sich mit ihm, natürlich über Pferde und alles Neue aus der Stadt. Onkel Willi rauchte seine Pfeife mit Tabak „Kolumbus", feinem Vanilleduft, Vater seine Diplomat-Zigarre.

So kamen also die Stuten Möwe und Fanny und Hengst Kilo auf unseren Hof. Kilo sorgte für Nachwuchs, und die Pferdezucht lohnte sich. Onkel Willi besuchte uns jeden Sonntagnachmittag. Es war sein Ehrgeiz, die etwa 500 m von der Jahnstraße bis zur Neubauterstraße zu Fuß zu gehen, zu schlurfen, mit einem Handstock und einem kleinen Handwagen, den er vor sich herschob und an dem er sich festhielt. Er tapste durch den Pferdestall und sein Herz ging auf, wenn er die Pferde musterte und streichelte. Das war sein ganzes Glück.

In der Wohnstube wurde bei Kaffee und selbst gebackenem Wasserkringel viel gescherzt. Es machte Spaß, wenn er da war. Meine Mutter legte manchmal die Platte „Es hängt ein Pferdehalfter an der Wand" auf. Immer unterhielt man sich über Pferde. Manchmal kamen irgendwelche Fachleute zu Besuch und debattierten über Zuchterfolge. Onkel Willis größte Freude war natürlich eine Kutschtour im Sommer. Ich kann mich an einen besonderen Sonntagsausflug erinnern. Mein Vater lag im Krankenhaus. Meine Mutter packte einen Picknickkorb mit Würstchen und Kaffee und Kuchen. Sie sagte: „Heute machen wir es uns ganz gemütlich!" (Der Vater war ja nicht da!) So spannte mein Bruder Klaus die Pferde Möwe und Fanny vor die geputzte Kutsche, und wir fuhren mit Onkel Willi durch den Darguner Wald. Es war traumhaft, durch die Buchen zu kutschieren. Selten waren wir so ausgelassen und glücklich. Am Abend sagte meine Mutter: „Das darfst du aber Papa nicht erzählen." Er sollte nicht wissen, dass wir es schön hatten ohne ihn.

Bruder Werner heiratet 1971 seine Gerda.
Hochzeitskutscher Bruder Klaus mit den kleinen Pferden Fanny und Möwe.

Aber auch mein Vater sorgte manchmal dafür, dass wir es schön hatten. Wenn er nämlich gut drauf war, dann sagte er am Sonntagabend: „Lotte, treck di gaudes Tüch an. Wie ätten hüt an Strand!" Er spannte die Pferde vor die kleine Kutsche, und wir fuhren zur alten mit Stroh bedeckten Strandgaststätte, die auf der anderen Seite des Darguner Klostersees stand. Der Weg dahin führte erst demonstrativ durch die ganze Kleinstadt und dann durch den Wald. Die Pferdekutsche parkte er mit einem Strick an der großen alten Eiche. Viele Leute kamen und streichelten die Pferde. Ich wunderte mich immer darüber. Hatten die noch nie Pferde gesehen? Das war doch nichts Besonderes!

In der ganz aus Holz gebauten Gaststätte saßen wir am Fenster, das man hochschieben konnte, so dass wir freien Blick auf den herrlichen Darguner Klostersee hatten und außerdem frische Luft bei den vielen Rauchern. Es gab Schaschlik und Bockwurst mit Kartoffelsalat. Ich durfte mir so viel Johannisbeermost bestellen wie ich wollte. Manchmal schaffte ich sogar drei Gläser. Diese Großzügigkeit musste ich ja ausnutzen, sonst gingen wir niemals in der Gaststätte essen.

Ein großer Höhepunkt im Leben meiner Familie war der jährliche Besuch der Hengstparade. Mein Bruder Klaus organisierte die Eintrittskarten und einen Omnibus zum Ausflug nach Redefin. Das war schon sehr lustig, mit einem Haufen altkluger Bauern in einem Bus zu sitzen. Für mich waren es die weitesten Reisen als Kind. Toll mit dem Bus zu fahren und alle sind dabei, Mutter, Vater, Klaus, Onkel Willi, ich und die anderen Bauern aus der Stadt, die ich alle gut kannte. Alle hatten sich fein angezogen und waren gut gelaunt.

Bruder Walter mit Mehrspänner auf der Redefiner Hengstparade.

Auf dem Gelände des Gestütes in Redefin herrschte großes Festgetümmel mit echter Blasmusik, Bratwurst, Fassbier und Fassbrause. Und die vielen Menschen! Es war aufregend. Immer achtgebend, dass ich nicht verloren ging, hielt ich mich an meiner Mutter fest. Mein Bruder Walter machte damals seine Ausbildung auf dem Gestüt, so dass wir einen kleinen Heimvorteil hatten und überall dort schauen durften, wo die anderen Besucher nicht hinkamen. Wenn die Parade begann, waren alle aufmerksam und still auf den Rängen. Redefin war und ist auch heute noch ein ganz besonderes Erlebnis. Egal, ob sich die Husaren in historischen Uniformen bei der Quadrille zu den Klängen von „Lützows wilde verwegene Jagd" kreuzten, oder sich die gelbe Postkutsche mittig positionierte und obenauf „Die Post im Walde" geblasen wurde, oder ob die Römerwagen Sturm rannten, der große Beifall war verdient und ehrlich.

Mein Vater (Werner Kopperschmidt) und meine Brüder, Klaus und Walter, präsentieren ihre Pferdezucht.

Und wenn Walter mit dem Vierergespann seine Parcours vorführte oder auch mal die Leinen für sehr viel mehr Pferde vor einer einzigen Kutsche in der Hand hielt, dann sagte der Vater laut, damit es ja alle hörten, die in seiner Nähe auf der Tribüne saßen: „Kiek, dor, dat is min Söhn!" Ich hielt den Atem an, wenn die Pferde im gestreckten Galopp vom Platz stürmten.

Und was der große Bruder kann, das können wir auch, dachten sich meine Brüder Klaus und Werner. Auf dem Hof gab es mittlerweile vier Kleinpferde. Bei einer Parade im kleineren Stil im Gestüt Voigtsdorf bei Grimmen, wo Walter später arbeitete, führten sie ihren eigenen Vierergespann vor. Ausgesehen hat es wirklich gut. Die weißen gescheckten Pferde mit tollem blitzblankem Zaumzeug. Das mit dem gestreckten Galopp sah auch beinah so aus wie in Redefin. Die Darguner Pferde hatten Feuer! Aber leider auch die falsche Richtung oder die Jury hatte den falschen Platz. Die saß irgendwie im Weg. Und irgendwie hatten die Preisrichter die kleinen Pferde auch nicht für voll genommen. Erst als sie merkten, dass das Gespann nicht in Richtung Ausgang rannte, sondern schnurstracks auf den Richtertisch zusteuerte, sprangen sie in allerletzter Sekunde von ihren Stühlen zur Seite. Tja einen Preis konnten sich die Brüder nun abschminken. Aber entscheidend war die Teilnahme.

Bei einer DDR-Meisterschaft im Vierergespannfahren in Zerbst durfte ich sogar mal als „Bockdame" aushelfen. So nennt man die Dame, die neben dem Gespannführer während des Parcours sitzt. Mein Bruder selbst mit Zylinder, Frack und weißen Handschuhen. Ich im Kostüm, mit Hut und Blumenstrauß. Also ich brauchte einfach nur gut auszusehen und immer lächeln, das schönte die Wertungspunkte. Abends wurde der Sieg ordentlich mit allen Pferdeleuten gefeiert. Am nächsten Morgen musste ich allerdings erfahren, dass sich meine Alkoholfahne nicht mit dem Ammoniakdunst vom Pferdemist vertrug. Die Hühner pickten meine Magenreste fein sauber vom Hof.

Auf dem Hof 1967:
Heidi mit Bruder Klaus und den großen Pferden Lisa und Max.

Was früher für mich selbstverständlich war, ist heute etwas ganz Besonderes. Wenn ich Pferdehufe höre oder einen Pferdewagen oder -kutsche sehe, bleibe ich bewusst stehen und freue mich darüber. So wie die Leute, die früher unsere Pferde bewunderten. Und vielleicht überspringt dieses Pferdevertrauen bei mir ja eine Generation, denn unsere Tochter hat sich ihr eigenes Pferd gekauft und ist mit ihrer Scally, einer Appalooser Stute, glücklich.

An einem Geburtstag wünschte sie sich eine Kutschfahrt. Wir verbrachten gemeinsam mit ihr ein Wochenende in Berlin. Vor dem Brandenburger Tor wartete unsere bestellte Kutsche. Die Pferde galoppierten zwischen den teuren Autos, hinter uns und neben uns große Doppelstockbusse, von den vielen Menschen ganz zu schweigen. Wie die Pferde diesen Stress aushalten!? Hoffentlich kommen sie auch mal auf die Weide. Irgendwie taten mir die Pferde leid. Und im Landauer zu sitzen, war nicht das Gleiche wie oben auf dem Kutschbock. Wenn ich mich schon nicht auf den Rücken der Pferde traue, dann würde ich doch gerne mal wieder oben auf dem Bock sitzen und – ja - auch mal wieder die Zügel in die Hand nehmen. Und dann würde ich mich freuen, wenn die Pferde den Schweif zur Seite heben und einen duftenden dampfenden großen Haufen Pferdeäpfel fallen ließen.

Seit jeher gab es Pferde auf dem Hof von Kopperschmidt: Vor dem Elternhaus in Dargun um 1930. Fritz Steinmöller aus Lehnenhof war damals der Kutscher.
Der Junge auf dem Pferd ist Heidi's Vater Werner Kopperschmidt.

Osterspaziergang Jürgen

Vom Eise befreit… nicht immer, aber meistens. Anfang der 80er Jahre, also noch zur tiefsten DDR-Zeit, war das Wetter zu Ostern schon sehr schön. (Früher war ja sowieso alles besser!)

In unserer Familie ist es, solange ich denken kann, Tradition, am Ostersonntag mit den Kindern Ostereier zu suchen. Nicht in der Wohnung oder im Vorgarten, sondern richtig verschärft im dunklen Wald. Treffpunkt war immer in Wietow bei meiner Mutter, oder, wie wir sie auch alle nannten: Oma Martha. Sie bastelte jedes Jahr für die vielen Enkelkinder Osterkörbchen aus Margarinebechern. Diese und viele buntgefärbte Ostereier wurden im Park am Gutshaus gesucht, der in voller Pracht mit weißen Buschwindröschen strahlte. Nach dem Ostereiersuchen gab es ein üppiges Mittagessen, die geliebte Hühnerbrühe, Wildschweinbraten mit Rotkohl und Zitronenspeise, nachmittags viele selbstgebackene Torten. Unvergessen sind diese Ostersonntage, an denen all ihre Kinder und Enkelkinder zusammenkamen.

Irgendwann waren die Kinder meiner Geschwister aus dem „Ostereiersuchalter" herausgewachsen, also blieben nur noch unsere Kinder, weil ich ja auch der Jüngste im Wendtschen Klan bin. Die Oma wohnte nun bei uns, und wir setzten die Ostersonntagstradition fort.

Die Abläufe waren jedes Jahr gleich. Am Ostersonntag stand ich recht früh auf, nahm den Korb mit dem am vorherigen Tag gefärbten Eiern sowie einige Schokoladenhasen oder auch die kleinen Ostereier, die mit Zuckerguss farbig überzogen waren und die man sehr lange lutschen musste, wenn die Zähne nicht mehr so gut waren. Milka war noch nicht.

Ich fuhr mit dem Trabbi in den großen Wald. Die ca. 30 gefärbten Hühnereier wurden recht kompliziert versteckt. Alle fand man sowieso nicht wieder. Die Trefferquote lag aber immerhin bei 80 bis 90%. Die wertvollen Osterhasen mussten allerdings an einem präzisen Ort abgelegt werden. Meistens eine alte Buche oder ein großer Stein. Es wäre blöd, die nicht wiederzufinden.

Nach getaner Arbeit fuhr ich wieder nach Hause. Frühstück in Familie und dann ging es los.

Die Kinder mit einem Körbchen, Vati mit einem Flachmann in der Tasche, Heidi auch mit Flachmann, aber nur mit selbstgemachtem Kirschlikör. Oma ohne was, höchstens mit einem Stoffbeutel in der Tasche. Sicher ist sicher.

Die Hunde kamen auch mit, um gegebenenfalls in freier Suche die Restbestände der versteckten Sachen zu finden.

Doch in diesem Jahr war alles anders. Trotz intensiver Suche war die Ausbeute gleich Null. Selbst die markanten Verstecke, die inzwischen auch die Kids schon kannten, waren leer. Heulende Kinder, böse Worte von Heidi und vor allem von Oma. Im Vorgarten wäre das nicht passiert!

Was war los? Ich wusste es nicht. Auch die Hunde hatten keinen Plan, für die wäre es ein Leichtes gewesen, meiner Fährte von vor 2 Stunden zu folgen. Nichts, aber auch gar nichts war mehr da. Den Flachmann hatte ich auch noch nicht geleert und war mir keiner Schuld bewusst.

Wer könnte das gewesen sein? Wer war der Ostereierdieb?

Kolkraben, die uns von den Bäumen beobachteten, können in der kurzen Zeit keine 30 Eier fressen. Außerdem wären dann Restschalen vorhanden. Leute aus dem Dorf? Die wären so früh noch nicht im großen Wald. Aber wer dann?

Plötzlich drängte sich mir ein ungeheurer Verdacht auf. Könnte das eventuell unser Waffenbruder gewesen sein? Damals gab es in Wismar große Kasernen, in denen sowjetische Soldaten lebten. Diese Soldaten hatten kein beneidenswertes Leben. Die etwas älteren Ossis unter ihnen können sich sicher daran erinnern, wenn bei irgendwelchen Truppenbewegungen an sämtlichen Straßenkreuzungen je zwei Männer in braunen Uniformen mit roter Armbinde abgesetzt wurden. Diese standen tagelang rund um die Uhr und warteten, bis irgendein sowjetisches Fahrzeug vorbeikam, um zu sagen, ob nun nach rechts oder nach links zu fahren sei. Niemals habe ich jemanden gesehen, der diese Leute versorgte. Als Kinder haben wir brutal ihre Lage ausgenutzt. Wir holten uns von den Eltern Essen und Trinken oder organisierten diese Sachen irgendwie anders. Das tauschten wir dann gegen Abzeichen, meistens mit rotem Stern oder Machorka ein.

Hatte man ganz viel Glück, bekam man auch mal ein Taschenmesser.

Oft wurden diese armen Rotarmisten auch dazu benutzt, irgendwelche niederen Arbeiten zu verrichten. Ich habe selber gesehen, wie sie auf dem Bahnhof Kohlen mit bloßen Händen vom Wagon laden oder mit Spaten und Schaufeln einen großen Teich ausheben mussten. Es ist kein Wunder, dass manchmal einige versucht haben, durch Flucht ihrem Schicksal zu entgehen. Wurden sie gefasst, war ein Lager in Sibirien bestimmt die leichtere Strafe.

Also, damals wurde 2 Tage vor Ostern in der Umgebung nach genau solchen Abtrünnigen gefahndet. Das Dorf war voll mit irgendwelchen ABV, zu ostdeutsch: Abschnittsbevollmächtigten. Sogar ein Hubschrauber kreiste mehrere Stunden über der Gegend. Die Leute waren nicht gefährlich. Sie hatten einfach nur Hunger. Und jetzt hoffte ich inbrünstig, dass diese sowjetischen Genossen mich beim Ostereierverstecken beobachteten und Mundraub gemacht hatten.

Jetzt tat es nicht mehr so weh, neue Eier wurden nachgefärbt und Schokolade ist eh nicht so gesund.

Oma Martha mit Marika und mit Benny im Wietower Park.

Eine Mettwurst ist eine Mettwurst   Heidi

Wenn sich Bauern über Hausschlachtung unterhalten, kann es ganz schön kontrovers zugehen. So erlebte ich es neulich bei einer Feier im Dorf. Da ging es um die Wurscht. Vor allem, wenn unter den Gästen Sachsen-Anhaltiner sind. Wo schmeckt sie besser, in Mecklenburg oder Sachsen Anhalt? Jede Partei wollte überzeugen. Jeder erinnerte sich an die Schlachtungen so, wie man sie früher auf den heimischen Höfen erlebt hatte. Heute wird nur noch selten zu Hause geschlachtet, da kaum mehr Schweine gehalten werden. Aber selber Wurst machen ist nach wie vor sehr beliebt. Und in diesem Punkt wurde auf der Feier gestritten, was das Zeug hält. Sachsen Anhalt, zahlenmäßig unterlegen, kämpfte wie ein Weltmeister um seine Wurst. Konnte aber letztendlich nicht Stand halten mit seinen Argumenten „guter" Wurstherstellung. Andere Gewürze, andere Methoden waren für die Mecklenburger nicht überzeugend. Ich sag mal: „Wat de Buer nich kennt frett hei nich!" Wir Mecklenburger sind stur. Und da der Machtkampf immer verbissener wurde wie auch das Wortgefecht, appellierten wir Frauen daran, dass jeder wurschteln könne wie er wolle. Ein bisschen Toleranz, liebe Freunde. Wir wollen doch keinen Länderstreit! Nur in einer Sache, da streite ich gern mit. Wenn du nämlich in Quedlinburg oder Stendal Bratwurst am Wurststand verlangst, bekommst du eine Mettwurst. Bratwurst ist in Sachsen-Anhalt nicht die Wurst, die man, wie das Wort schon sagt, in der Pfanne braten kann, sondern das ist eine Mettwurst, zumindest für unsere Begriffe. Bratwurst ist dort die Mettwurst! Fein oder grobes fettes Hackfleisch durch die Wurstmaschine in die Wurstpelle gedrückt und dann geräuchert. Kann mir mal bitte einer die Logik erklären, warum das eine Bratwurst sein soll? Wenn du eine Bratwurst, also eine feine weiße Fleischmasse im Naturdarm gebrüht haben möchtest, dann sagen die Sachsen-Anhaltiner Schmorwurst dazu. Na gut, diese Bezeichnung ist ja noch ok. Das will ich nicht weiter kritisieren. Alles hat ein Ende nur die Wurst hat zwei, aber der Streit über die Bezeichnung Bratwurst oder Mettwurst, der hat kein Ende. Da machen wir bei der nächsten Feier weiter. Das ist uns nicht wurscht!

Gedanken zum Frauentag   Jürgen

Liebe Genossinnen, werte Frauen,
gestatten Sie mir anlässlich des 8. Märzes, dem Internationalen Frauentag, herzliche Kampfesgrüße unseres Staatsratsvorsitzenden Erich Honecker zu übermitteln. Die Frau in der sozialistischen Gesellschaft hat hohen Anteil an der Erfüllung des laufenden 5Jahr-Planes. Ihr steht tapfer hinter dem Ladentisch des Konsums, arbeitet am Fließband oder melkt die Kühe in unseren sozialistischen Landwirtschaftsbetrieben. Weiter so!

So oder ähnlich, wurde in der Regel die Frauentags Feier in der DDR vom Parteisekretär eröffnet. Anschließend wurden ein paar Auszeichnungen vorgenommen. Zum Beispiel: Bestarbeiterin, Mitarbeiterin des Monats, Kollektiv der sozialistischen Arbeit oder die Goldene Rose für gute Nachbarschaftshilfe. Danach ging man zum gemütlichen Teil über. Das Problem dabei war nur, dass Frauentag nicht einmal, sondern öfters gefeiert wurde. Jede Gruppierung, Verein, Brigade oder anderer Zusammenschluss, wo Frauen Mitglied waren, feierten ihren eigenen Frauentag. Hier nur ein paar Beispiele: Betrieb, Volksolidarität, Chor, Sportverein, Theatergruppe, Tanzgruppe, Kleingartenverein, Hausgemeinschaft, Wandergruppe, Nähzirkel, Malzirkel und, und, und….

Natürlich kam es bei so vielen Terminen zu einer Mehrbelastung der Frau. Doch durch Geschick und Organisationstalent habt ihr selbst diese Strapazen ertragen. Der Zeitplan für eure Aktivitäten konnte ja auch beliebig gestreckt werden. Frauentagsfeiern fanden so ungefähr von Mitte Februar bis Mitte April statt. Dann allerdings musste man fertig sein, weil ja der 1. Mai vor der Tür stand. Hat auch nur irgendeiner von euch an die armen Männer gedacht, die nach der Arbeit schnell auf ein paar Bier in die nächste Kneipe wollten? Jedes Mal war da ein Schild: „Geschlossene Gesellschaft – Heute Frauentagsfeier". Trotzdem war das für uns Männer noch irgendwie erträglich.

Aber was ist heute? Es gibt nicht nur den Frauentag, sondern auch den Muttertag, Valentinstag, Tag der Gleichberechtigung, den Tag der asiatischen Frau usw. usw. Sämtliche Institutionen sind von Gleichstellungsbeauftragten unterwandert. Heute haben wir eine Bundeskanzlerin. Früher gab es auch eine Königin. Aber irgendwie war da auch ein König! Wo ist der heute? Wir haben eine Verteidigungsministerin. Ihr brecht in die uralte Hierarchie des Mannes ein, Kriege zu führen. War schon jemals eine von euch auf der Sturmbahn? Wisst ihr eigentlich, wie hoch so eine Eskaladierwand ist? Seit ihr schon mal mit einem Gewehr auf dem Rücken unter mit Stacheldraht bespannten Gerüsten durchgekrabbelt? Glaubt mir, dazu seid ihr schon anatomisch nicht geeignet. Wenn Gott gewollt hätte, dass ihr kämpft, hätte er euch nicht so herrliche Brüste gegeben. Und mit Kindergartenplätzen in irgendwelchen Kasernen können wir keinen potentiellen Gegner wirklich erschrecken.

Oder was fast noch schlimmer ist: Bundesliga, wir haben eine weibliche Schiedsrichterin! Bibiana Steinhaus. Das ist kein Mannsweib, ne, die sieht sogar ganz gut aus. Aber es traut sich doch kein Spieler mehr auf den Rasen zu spucken, oder bei Freistößen das beste Stück mit der Hand zu schützen. Das sieht doch irgendwie ganz unmännlich aus. Frauen, wir müssen diesen ganzen Emanzenkram noch mal überdenken! Ich schreibe diese Zeilen anonym, weil ich Repressalien befürchte.

Selbst in unserer schönen Kleinstadt sind die wichtigen Positionen von Frauen besetzt. Zum Beispiel die Frau in der Tanke, wenn man sich sonntags noch schnell ein Bier holt. Oder an der Kasse bei Edeka. Die sehen doch genau, wenn man Fußpilzspray, Zahnreinigungstabletten oder Kondome kauft. Die kennen doch praktisch dein intimstes Leben. Nicht zu vergessen, die Zahnarzthelferinnen, die die Spritze für die Extraktion aufziehen. Die alle möchte ich nicht zum Feind haben!

Tanz auf dem Dorf   Heidi

Wir kommen gerade von einer großen Geburtstagsparty. Im Freundeskreis werden jetzt viele fünfzig. Ich bin schon lange drüber und habe heute wieder gemerkt: ich bin richtig alt. Woran ich das merke? Erstens: tut mir mein Knie weh und ich mag deswegen nicht mehr gern tanzen. Und zweitens: die Musik! Ganz besonders die Lautstärke. Es dröhnt so laut, dass man sich nicht mehr unterhalten kann. Bei seinem Gegenüber sieht man nur noch, wie der Mund, ähnlich wie beim Karpfen, auf und zugeht. Ich nicke höflich, aber verstanden hab ich kein einziges Wort. Und so verläuft der ganze Abend. Die einzige Lösung wäre jetzt, dass wir alle die Gebärdensprache lernen. Der DJ knallt ein Lied nach dem anderen durch die Boxen. Eine Pause, um die Unterhaltung verständlich fortzusetzen, gibt es nicht. Die DJ´s haben doch alle einen Knall! Ich hasse es, wenn ich diesen Satz höre: Früher war alles schöner! Mein Gott, ich wollt mich nie selbst bei diesem Satz ertappen. Und doch muss ich heute Abend sagen: „Früher war Tanzen und Feste feiern schöner."

Und wenn meine Tochter fragt: „Und wie war´s denn früher auf dem Tanz?"

Früher, also als ich noch jung und schön war, gab es Disko auf dem Dorf und es gab Tanz auf dem Dorf. Disko war im Prinzip nicht viel anders als heute, nur dass es nicht so laut war. Der DJ legte Platten auf oder spielte Kassetten ab. Die Disko fing nachmittags um 16 Uhr an. Die Fenster wurden im Jugendclub abgedunkelt, damit es schön schmusig wurde. Um 22 Uhr war Ende. Die meisten mussten pünktlich zu Hause sein, andernfalls gab es Diskoverbot. Wir tanzten nach den Hits unserer Zeit. Puhdys, Karat, Sterncombo Meißen. Citys „Am Fenster" war mein Hit. Bei dem Song aus „Blutige Erdbeeren" knieten wir im Kreis und klatschten auf den Boden. Bei Lady Bump knallten wir mit Popo aneinander. In der Disko im Jugendclub waren wir Jugendlichen unter uns. Wir zeigten uns gegenseitig die Schritte. Eins-zwei-Tipp! Oder auseinander und Arme und Beine im Rhythmus schütteln, wie heute auch. Ich kenne kaum jemanden, der damals eine Tanzschule besucht hat. Es gab wenige Tanzschulen. Disko-Stil war ja nicht schwer.

Walzer tanzen können war wichtig, wenn es zum „Tanz" ging! Den übten wir Mädels in der Wohnstube unter Anleitung unserer Mütter.

Wenn es zum „Tanz" ging, waren sie alle da, die Jungen und die Alten! Die Herren stets mit Schlips und Anzug, die Damen im schönsten Kleid. Wir jungen Mädchen allerdings zogen kaum Kleider an, das war verpönt. Weite Schlaghosen und enge Oberteile. Die Jungs in Jeans und Hemd. Wer eine Levis oder Wrangler aus dem Westen trug, war schon mal deutlich im Vorteil.

Die Musik war nicht so ohrenbetäubend wie heute. Und alles Livemusik! Mal eine Band, tolle coole Musiker, die von uns Mädchen angehimmelt wurden, mal eine Blaskapelle mit lustigen älteren Musikern. Aber das Prinzip war immer gleich. Man wurde höflich zum Tanz aufgefordert. Einen Korb zu geben, wagte man sich kaum, zumindest ich nicht. Ich war gespannt bei jedem, wie er mich führte. Es wurden grundsätzlich drei Lieder gespielt. Mal eine Walzerrunde, mal eine Tanzschlagerrunde. Dann kündigte der Sänger mit dem Satz: „Die Herren führen jetzt die Damen bitte an die Theke", eine kurze Pause an. Kein Mann ließ sich dann lumpen und gab der Dame einen Likör aus. Die Spezialitäten waren hier Kaffee- oder Kirschlikör oder einen Pfeffi. Kippte davon mal einer um, klebte es lange auf dem Parkett. Der Herr begleitete seine Tanz-Dame anschließend gentlemanlike zu ihrem Platz. Es war genug Zeit zum Erzählen, Scherzen, Flirten. Keiner musste sich anschreien. Außer wenn zwei Kerle sich aus Eifersucht um eine Frau stritten. „Los komm raus, du kriegst Kloppe!" Wenige Minuten später standen die beiden Streithähne dann oft wieder zusammen am Tresen und prosteten sich zu. Der lustigste Höhepunkt des Abends war der Marschwalzer. Bei dem blieb wirklich keiner auf dem Stuhl sitzen. Der Herren marschierten im Kreis außen, die Damen im Kreis innen, jeweils in die entgegengesetzte Richtung. Die Kapelle spielte „Es war einmal ein treuer Husar". Urplötzlich, wenn die Kapelle den Marsch unterbrach, wurde ein Walzer gespielt. Der Herr schnappte sich die Dame, manchmal auch umgekehrt, die oder der auf gleicher Höhe stehenblieb, und schwebte so im Walzerschritt über das Parkett. Das war wundervoll, vorausgesetzt, er konnte gut tanzen. So ad hoc wie der Walzer begann, wurde er durch die Marschmusik auch wieder abgelöst. Die Herren und Damen reihten sich wieder brav in ihrer Reihe ein und marschierten bis zum nächsten musikalischen Stop. Die Herren außen, die Damen innen. Klar hatte ich meine Lieblinge, von denen ich wusste, dass sie gut Walzer tanzten. Wenn die auf meiner Höhe waren, versuchte ich zu bremsen und hoffte, dass der Walzer begann. Marschwalzer war ein bisschen wie erlaubtes Fremdgehen, nur eben Fremd tanzen oder neumodern wie Speed Dating. Der Zufall mischte die Tanzpartner. „Ach, mit dir wollte ich schon immer mal tanzen", dann war das ein Hochgenuss, wenn der dann auch noch gut führen konnte. Es gab auch Typen, bei denen ich meinen Reigen anschob, wenn ich befürchten musste, bei ihnen stehen zu bleiben.

Die Eltern meiner Freundin Silvia bewirtschafteten in Stubbendorf den Dorfkrug. Dort war einmal im Monat Tanz im großen Saal. Als ich 15 war, durfte ich mit dem Moped am Samstag zur Freundin fahren und dort auch übernachten. Ich gab zu Hause an, dass die Eltern meiner Freundin ja höchst persönlich auf uns Acht gaben, und dass ich um 22.00 Uhr den Saal mit ihr verlassen würde. Aber wir blieben fast immer bis Mitternacht. Die Eltern meiner Freundin hatten genug am Ausschank zu tun, sodass sie nicht ständig ein Auge auf uns haben konnten.

Ach, die Dorftänze waren herrlich, wir haben getanzt und geflirtet, ja, und auch heimlich geküsst. Und wenn der Tanz zu Ende war, dann gingen wir Mädels auf der dunklen Dorfstraße kichernd nach Hause. Oft setzen wir uns noch in die Küche, machten uns noch ein Spiegelei, aßen dazu Brot und Schinken und tranken Kaffee. Und dann erst ging es zu Bett. Wir schliefen bis um zehn Uhr, damit ich pünktlich zum Schweinebraten am Sonntag wieder zu Hause war. Zu Hause hätte ich übrigens nicht so lange im Bett bleiben dürfen. Die Devise der Alten: Wer abends lange feiern kann, kann morgens auch früh aufstehen.

Wir beiden Mädchen sind manchmal auch zu Fuß ins Nachbardorf gegangen, wenn dort Tanz oder Disko war. Es wurde grundsätzlich von Dorf zu Dorf zu Fuß gegangen. Immer in der Gruppe breit auf der Landstraße. Heiter und fröhlich hin, beschwipst und müde vom Tanzen zurück.

Nach einem Tanz in Brudersdorf kamen wir auf einem Feldweg nach Hause. Es war Sommer und der Mond schien hell und klar. Plötzlich blieben wir erschrocken stehen, denn wir sahen etwas oder jemanden am Koppelzaun. Wir konnten es nicht so genau erkennen. Wir flüsterten und rätselten. War es nur ein größerer Koppelpfahl? Oder doch ein Mensch? Was sollten wir tun? Wir hatten nun doch Schiss. Wir hakten uns beide ganz fest ein, holten tief Luft und sangen dann aus vollem Hals so laut wir konnten: „Auf, auf zum Kampf, zum Kampf sind wir geboren, auf zum Kampf sind wir bereit", das gängige Arbeiterlied, das wir in der Schule gelernt hatten. Wir mussten es manchmal beim Festumzug am 1.Mai singen. Jetzt taten wir es freiwillig und es machte uns stark! Mutig marschierten wir im Gleichschritt an diesem still und stumm stehenden „Etwas" vorbei.

Es war ein Jäger, die Flinte auf dem Rücken. Missgelaunt sagte er: „Toll meine Damen! Jetzt kann ich ja wieder nach Hause fahren. Hier kommt heut keine Wildsau mehr!"

Tja, wer hätte das gedacht, dass ein Kampflied solche Auswirkung hat. Die Waffen wurden niedergelegt! Wir haben gesiegt! Und die Wildsau auch!

Sport frei

Heidi

Ich freute mich wie jedes Kind auf acht Wochen Sommerferien. Natürlich wegen der schulfreien Zeit, aber ganz besonders, weil ich acht Wochen lang keinen Sportunterricht haben würde. Der letzte Schultag war wie eine große Erlösung. Mein Zeugnis glänzte mit Einsen und Zweien, aber ich habe niemals damit geprahlt, weil eine Eins immer ein Querbalken zierte. Acht Jahre lang hatte ich eine vier in Sport. Sportunterricht habe ich so sehr gehasst, dass ich als Kind lieber zum Zahnarzt gegangen wäre, und das war schon schlimm. In den Nächten kurz vor dem Sportfest konnte ich schon nicht mehr schlafen. Ich war bis zur 8. Klasse ein dicker Pummel. Immer war ich die Letzte, beim Ausdauerlauf, beim 100m Lauf, beim Kugelstoßen, ach und überall. Niemals erlebte ich das Gefühl, die Welt mal von oben zu betrachten, weil ich niemals das Ende der Kletterstange erreicht habe, nicht einmal die Mitte, eigentlich blieben die Füße am Boden stehen. Beim Weitsprung sagte mal ein Sportlehrer zu mir, dass er sogar weiter pinkeln könne, als ich springe. Wenn ich damals schon die große Schnauze von heute gehabt hätte, dann hätte ich gesagt: „Na los, das will ich jetzt sehen!"

Mein Bruder Klaus, der sieben Jahre älter ist, hatte oft Medaillen im Weitsprung oder Kugelstoßen erkämpft. Als er zur Siegerehrung eines Sportfestes nach vorne sollte um sich den Preis abzuholen, war er nicht mehr da. Der Schuldirektor sagte: „Na Klaus ist wohl schon wieder mit dem Pferdewagen unterwegs. Heidi dann komm du mal und nimm ihm die Medaillen mit." Er hängte mir die Dinger um den Hals. Alle lachten. Ich wollte im Erdboden versinken.

Obwohl mein Gatte es immer abstreitet, bin ich fest der Meinung, dass er mich auch gehänselt hätte, hätten wir uns damals schon gekannt. Er als großer Athlet und ständiger Medaillensieger hätte bestimmt kein Mitleid mit mir. In der dritten Klasse konnte ich noch nicht schwimmen und musste darum ins Schwimmlager. Das hieß in den Ferien, jeden Morgen um 9.00 Uhr, Treffpunkt an der Gaststätte Schulz am Klostersee, und dann ein 3 km Fußmarsch bis ans andere Ende des Sees. Dort war das Ferienlager. Auch die Kinder der Ferienspiele marschierten mit. Ich beneidete die Ferienspielkinder, weil die eben gespielt haben, während ich schwimmen lernen musste. Dabei wollte ich auch so gerne „Ein Plumpsack ging herum und niemand dreht sich um "mitspielen. Außerdem bekamen die zur Kaffeezeit immer Streuselschnecken, während die Schwimmlagerkinder nur Brötchen mit Marmelade kriegten. Das war doch sehr ungerecht.

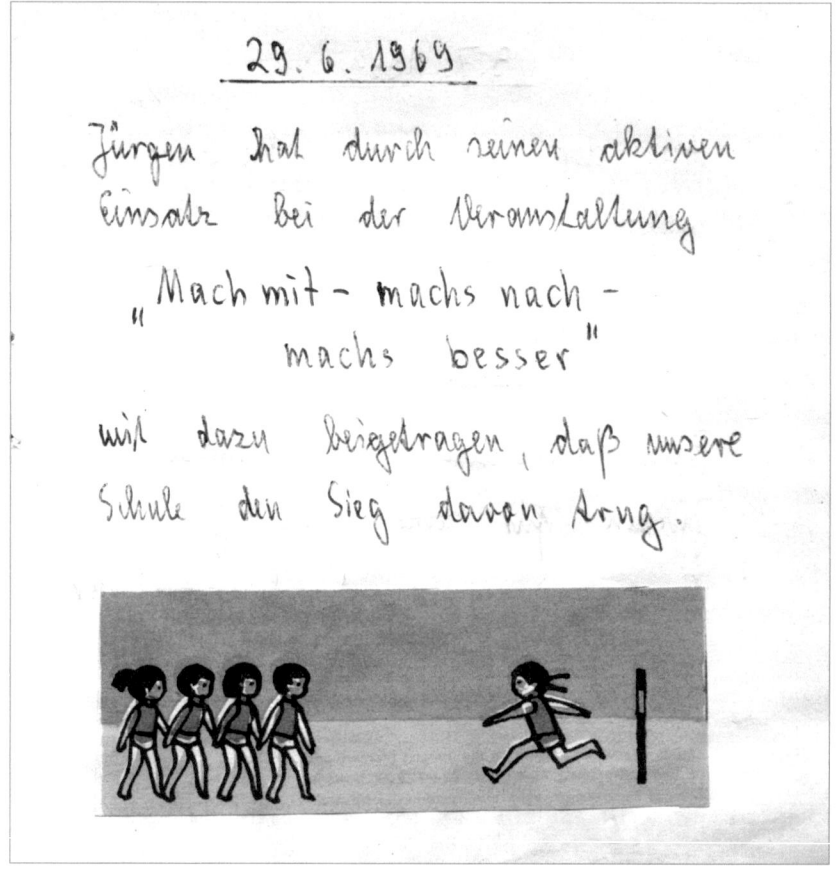

„Schwimmen lernen" war immer im flachen Wasser. Da habe ich gemogelt und gesagt: „Guckt mal, ich kann schon schwimmen!" Dann kam der letzte Tag. Und ich musste ins tiefe Wasser, weil ich ja angeblich schon schwimmen konnte. Aber es war wie ein Wunder, ich konnte tatsächlich schwimmen, zumindest bin ich nicht untergegangen. Ja ich weiß, ihr denkt jetzt alle an den Spruch: „Fett schwimmt oben!" Wie oft ich diese saublöde Bemerkung in meinem Leben schon gehört hab.

Heute schwimme ich gerne, obwohl ich es niemals richtig mache. Es ist mir unbegreiflich, wie die anderen so schnell vorwärts kommen. Aber es geht ja um nichts! Ich mache jetzt wieder jeden Tag meine Bahnen in unserem schönen Neuklostersee. Am herrlichsten ist es in aller Frühe am Wochenende und vor allem im Urlaub. Der „Schöne Aussicht"-Wirt Uli, der morgens seine Bernhardiner zum Gassi machen rauslässt, schreit vom Berg runter: „Warte Heidi, ich muss doch erst meine Gummistiefel anziehen, sonst bekomme ich nasse Füße!"

Das Wasser hatte heute Morgen gefühlte 21 Grad. „Stimmt!" sagt Wolfgang, der gerade das Thermometer aus dem Wasser hebt. Er freut sich auf einen geschäftsreichen Tag im Bootsverleih und beim Imbissverkauf, er hat immer ein Auge auf die Badegäste. Nach dreißig Minuten gemütlich schwimmen döse ich noch eine Weile im Badetuch auf der Bank. Wie schön der Morgen am See ist! Dann hole ich für das Frühstück frische Brötchen von Bäcker Lüth und manchmal auch eine wunderbar duftende dicke Streuselschnecke.

So sehen Sieger aus.